会津《あいづ》のむかしばなし

5 会津地方《あいづちほう》

歴史春秋社

会津《あいづ》のむかしばなし

5

会津地方《あいづちほう》

もくじ

会津地方《あいづちほう》の地図《ちず》

会《あい》津《づ》地《ち》方《ほう》の
伝《でん》説《せつ》

以仁王《もちひとおう》伝説《でんせつ》と火玉峠《ひだまとうげ》の戦《たたか》い

（下郷町《しもごうまち》）

高倉宮以仁王《たかくらのみやもちひとおう》は、江戸時代《えどじだい》より鎌倉時代《かまくらじだい》より室町《むろまち》や安土桃山時代《あづちももやまじだい》よりも前《まえ》、今《いま》から八百五十年《はっぴゃくごじゅうねん》もむかしの人《ひと》です。後白河法皇《ごしらかわほうおう》の三番目《さんばんめ》の皇子《おうじ》として生《う》まれましたが、戦《いくさ》により三十歳《さんじゅっさい》の若《わか》さで亡《な》くなったと歴史《れきし》には残《のこ》されています。

しかし、本当《ほんとう》は死《し》んでおらずに、会津《あいづ》や越後《えちご》（新潟《にいがた》）方面《ほうめん》に逃《に》げ延《の》びたのだという伝説《でんせつ》もまたあるのです。その伝説《でんせつ》に添《そ》って、越後《えちご》に向《む》かう途中《とちゅう》の会津《あいづ》の各地《かくち》には、以仁王《もちひとおう》にまつわる話《はなし》や品物《しなもの》や地名《ちめい》などがたくさん残《のこ》っています。

下郷町《しもごうまち》の「大内《おおうち》」という村《むら》の名《な》も以仁王《もちひとおう》ゆかりのもので、そこから高峰峠《たかみねとうげ》を越《こ》えようとした時《とき》の話《はなし》もまた語《かた》り継《つ》がれています。「高峰峠《たかみねとうげ》」とは大内《おおうち》と本郷《ほんごう》の境《さかい》の峠《とうげ》で、今《いま》では「氷玉峠《ひだまとうげ》」と言《い》われていますが、その前《まえ》は火《ひ》の玉《たま》という字《じ》の「火玉峠《ひだまとうげ》」でした。そう呼《よ》ばれたのは、そこに以仁王《もちひとおう》にまつわる事件《じけん》があったからです。

その時《とき》、戦《いくさ》に負《ま》けて京《きょう》から逃《のが》れてきた以仁王《もちひとおう》は、わずかな家来《けらい》とともに、味方《みかた》のいる越後《えちご》の城《しろ》を目指《めざ》していました。それは大変《たいへん》な旅《たび》で、駿河国《するがのくに》（静岡県《しずおかけん》）から甲斐国《かいのくに》（山梨県《やまなしけん》）へ、そして信濃《しなの》（長野県《ながのけん》）を越《こ》え、田島《たじま》を過《す》ぎて、当時《とうじ》「山本村《やまもとむら》」と呼《よ》ばれていた大内村《おおうちむら》に入《はい》ったのは、七月《しちがつ》の半《なか》ばのことでした。

山本村《やまもとむら》に二晩《ふたばん》泊《と》まって旅《たび》の疲《つか》れを休《やす》めると、以仁王一行《もちひとおういっこう》は高峰峠《たかみねとうげ》を越《こ》えて本郷村《ほんごうむら》を通《とお》り越後《えちご》に行《い》こうと出発《しゅっぱつ》しました。そして、高峰峠《たかみねとうげ》に差《さ》し掛《か》かった時《とき》です。

ザザ　ザザザーッと急《きゅう》に土砂《どしゃ》降《ぶ》りの雨《あめ》が降《ふ》り出《だ》したかと思《おも》うと、ビュービューと大風《おおかぜ》も吹《ふ》いてきました。人《ひと》も馬《うま》も飛《と》ばされそうです。

しばらく岩陰《いわかげ》に隠《かく》れていたのですが、嵐《あらし》は一向《いっこう》に止《や》みそうもなく、以仁王一行《もちひとおういっこう》は山本村《やまもとむら》に引《ひ》き返《かえ》すことにしました。

そしてまた次《つぎ》の日《ひ》、以仁王一行《もちひとおういっこう》が再《ふたた》び高峰峠《たかみねとうげ》を越《こ》えようとした時《とき》です。

「ワァーッ」という声《こえ》が響《ひび》いたかと思《おも》うと、大勢《おおぜい》の兵《へい》が刀《かたな》を振《ふ》りかざして向《む》かってきたのです。

それは、柳津《やないづ》の石川有光《いしかわありみつ》の軍勢《ぐんぜい》でした。以仁王《もちひとおう》がこの峠《とうげ》を通《とお》ることを告《つ》げ口《ぐち》した者《もの》がおり、石川有光《いしかわありみつ》は百騎《ひゃっき》もの兵《へい》を引《ひ》き連《つ》れて攻《せ》めてきたのでした。

以仁王《もちひとおう》が「もはやこれまでか」と、覚悟《かくご》をした時《とき》でした。

突然《とつぜん》にもくもくと黒雲《くろくも》が湧《わ》き、たちまちにして空《そら》を黒《くろ》く覆《おお》ってしまいました。

「なんだ、なんだ、どうしたことだ」

敵《てき》も味方《みかた》も戦《たたか》いの手《て》を止《と》めて空《そら》を見上《みあ》げると、その黒雲《くろくも》の間《あいだ》から真《ま》っ赤《か》な火《ひ》の玉《たま》が次々《つぎつぎ》と落《お》ちてきたではありませんか。

その様子《ようす》に誰《だれ》もが驚《おどろ》きましたが、もっと驚《おどろ》いたことに火《ひ》の玉《たま》が石川《いしかわ》の軍勢《ぐんぜい》に向《む》かって転《ころ》げ落《お》ちていったのです。

ヒャー　ギャー　アッチッチー
石川勢《いしかわぜい》は、本郷村《ほんごうむら》の方《ほう》に転《ころ》がるように逃《に》げて

いきました。

このことがあって、高峰峠《たかみねとうげ》は「火玉峠《ひだまとうげ》」と呼《よ》ばれるようになったのです。

災難《さいなん》から救《すく》われた以仁王《もちひとおう》は、山本村《やまもとむら》に引《ひ》き返《かえ》して、

高峰《たかみね》の風吹《かぜふ》き戻《もど》す山本《やまもと》に　心《こころ》とどめし道《みち》しるべして

という和歌《わか》を、村《むら》の長《おさ》に下《くだ》されました。

そして以仁王一行《もちひとおういっこう》は、今度《こんど》は進《すす》む道《みち》を変《か》え、田島《たじま》の針生《はりゅう》から駒止《こまど》峠《とうげ》を越《こ》え只見《ただみ》を通《とお》り、八十里峠《はちじゅうりとうげ》を越《こ》えて越後国《えちごのくに》小国城《おぐにじょう》へと向《む》かって

いきました。

この話《はなし》の他《ほか》に、大内《おおうち》には以仁王《もちひとおう》の後《あと》を追《お》ってきた紅梅御前《こうばいごぜん》と、その供《とも》の桜木姫《さくらぎひめ》の悲話《ひわ》も残《のこ》されています。

二人《ふたり》が、京《きょう》の都《みやこ》から険《けわ》しい山道《やまみち》や峠《とうげ》を越《こ》えて、ようやく山本村《やまもとむら》にたどり着《つ》いた時《とき》、以仁王《もちひとおう》はすでに越後《えちご》へと旅立《たびだ》ってしまっていました。

ここで会《あ》えると期待《きたい》してきた二人《ふたり》はすっかり力《ちから》を落《お》とし、桜木姫《さくらぎひめ》はバタリと倒《たお》れ込《こ》んで死んでしまいました。

「長旅《ながたび》で疲《つか》っちゃ上《うえ》さ、がっかりしたのが重《かさ》なっちまったんだべ」

「なんと、むずせごと[※1]」

その※2亡骸《なきがら》は村人《むらびと》たちによって手厚《てあつ》く葬《ほうむ》られ、側《そば》には姫《ひめ》の名《な》にちなんで桜《さくら》の木《き》が一本《いっぽん》植《う》えられました。

今《いま》も大内《おおうち》から氷玉峠《ひだまとうげ》に向《む》かう道《みち》の端《はし》の「御側原《おがわがはら》」と呼《よ》ばれる所《ところ》に、桜木姫《さくらぎひめ》は眠《ねむ》っています。側《そば》の桜《さくら》の木《き》には、春《はる》になると薄紅色《うすべにいろ》の花《はな》が姫《ひめ》をなぐさめるように静《しず》かに咲《さ》いています。

一方《いっぽう》の紅梅御前《こうばいごぜん》は、桜木姫《さくらぎひめ》が亡《な》くなり力《ちから》を落《お》としましたが、以仁王《もちひとおう》の後《あと》を追《お》わなければならないと、悲《かな》しみと疲《つか》れた体《からだ》に鞭打《むちう》って再《ふたた》び旅立《たびだ》ちました。

しかし、山本村《やまもとむら》を発《た》ってわずか二日後《ふつかご》のことでした。紅梅御前《こうばいごぜん》も山《やま》の中《なか》で倒《たお》れ込《こ》み、ついに亡《な》くなってしまったのです。

紅梅御前《こうばいごぜん》のお腹《なか》の中《なか》には、まもなく生《う》まれそうな赤《あか》ちゃんがおりましたが、その生命《いのち》もまた一緒《いっしょ》に消《き》えてしまいました。

紅梅御前《こうばいごぜん》が祀《まつ》られた小《ちい》さな祠《ほこら》は、橋《はし》もない川《かわ》の誰《だれ》も気《き》づかないような場所《ばしょ》にあります。そこでは、何度《なんど》かけても橋《はし》が雨《あめ》に流《なが》されてしまうのだそうです。その雨《あめ》は紅梅御前《こうばいごぜん》の涙《なみだ》なのでしょうか……。

紅梅御前《こうばいごぜん》の想《おも》いを偲《しの》ぶその川《かわ》は、姫川《ひめがわ》と呼《よ》ばれています。

※1 むずせごと＝かわいそうなこと
※2 亡骸《なきがら》＝死《し》んで魂《たましい》がなくなった体《からだ》

綱取城《つなとりじょう》と姫籠渕《ひめごぶち》

（北塩原村《きたしおばらむら》）

※会津芦名家《あいづあしなけ》の家臣《かしん》、松本対馬《まつもとつしま》には秀姫《ひでひめ》という美《うつく》しい娘《むすめ》がいました。十六歳《じゅうろくさい》の秀姫《ひでひめ》の評判《ひょうばん》は、芦名十三代盛高公《あしなじゅうさんだいもりたかこう》の耳《みみ》にも届《とど》き、姫《ひめ》を黒川城《くろかわじょう》に連《つ》れてくるようにとの命令《めいれい》が下《くだ》りました。

この話《はなし》を聞《き》いた父《ちち》と秀姫《ひでひめ》は命令《めいれい》に従《したが》わず、さらに父対馬《ちちつしま》の心《こころ》には主君《しゅくん》の盛高《もりたか》に背《そむ》く気持《きも》ちもありました。

それを知《し》って怒《おこ》った盛高《もりたか》は、明応九年《めいおうくねん》（一五〇〇年《せんごひゃくねん》）の正月十二《しょうがつじゅうに》日《にち》に、対馬《つしま》を攻《せ》めてきて、屋敷《やしき》を囲《かこ》みました。対馬一族《つしまいちぞく》は、弟《おとうと》勘解由左衛門《かげゆざえもん》の城《しろ》である漆《うるし》（北塩原村北山《きたしおばらむらきたやま》）にある綱取城《つなとりじょう》へと逃げましたが、盛高《もりたか》は雪《ゆき》の中《なか》を馬《うま》で追《お》いかけてきて、とうとう綱取城《つなとりじょう》まで押《お》し寄《よ》せてきました。

綱取城《つなとりじょう》は、大塩川《おおしおがわ》の激《はげ》しい流《なが》れに沿《そ》った、切《き》り立《た》つ崖《がけ》にある山城《やまじろ》でした。雪《ゆき》と寒《さむ》さの中《なか》、川《かわ》の向《む》こう側《がわ》を盛高《もりたか》たちに取《と》り囲《かこ》まれた綱取《つなとり》城《じょう》は、食料《しょくりょう》の運《はこ》び入《い》れができなくなり、二月《にがつ》の初《はじ》めには降参《こうさん》するしかない状態《じょうたい》になりました。対馬《つしま》たちは、どうしたら女《おんな》と子《こ》どもを城《しろ》から脱出《だっしゅつ》させられるか、みんなで相談《そうだん》をしていました。

その時《とき》、どこから
ともなく姿《すがた》の美《うつく》しい
若者《わかもの》があらわれて、
こう言《い》いました。

「わたしはこの近《ちか》くに住《す》むものです。大塩川《おおしおがわ》は水《みず》かさが多《おお》く、流《なが》れがとても急《きゅう》ですが、このわたしなら、川《かわ》を渡《わた》らせて、みなさんを逃《に》がしてあげられます。そのかわり、うまくいったら、秀姫《ひでひめ》をわたしの嫁《よめ》にしてください」

対馬《つしま》は、若者《わかもの》の話《はなし》を聞《き》きながら、なんだかあやしいと思《おも》いましたが、女《おんな》と子《こ》どもたちを助《たす》けたい一心《いっしん》で、脱出《だっしゅつ》を頼《たの》むことにしました。

次《つぎ》の晩《ばん》のこと。大塩川《おおしおがわ》に、突然《とつぜん》長《なが》い橋《はし》がかかりました。そこを通《とお》って、女《おんな》と子《こ》どもたちの脱出《だっしゅつ》は成功《せいこう》しました。

東《ひがし》の空《そら》が明《あか》るくなってから見《み》ると、橋《はし》と思《おも》えたものは、なんと一匹《いっぴき》の大《おお》きな蛇《へび》でした。若者《わかもの》は大蛇《だいじゃ》が化《ば》けた姿《すがた》だったのです。

それを知《し》った秀姫《ひでひめ》は、自分《じぶん》が戦《たたか》いの原因《げんいん》になったこと、さらに命《いのち》の恩人《おんじん》とはいえ、大蛇《だいじゃ》と夫婦《ふうふ》にならなければならないことを嘆《なげ》き悲《かな》しみ、大塩川《おおしおがわ》の渕《ふち》に身《み》を投《な》げて、短《みじか》い生涯《しょうがい》を終《お》えました。

父《ちち》の対馬《つしま》も討《う》たれて死《し》に、綱取城《つなとりじょう》での戦《たたか》いは終《お》わりました。

漆《うるし》の里《さと》の人《ひと》たちは、秀姫《ひでひめ》の話《はなし》を聞《き》いてあわれに思《おも》い、身《み》を投《な》げた場《ば》所《しょ》を、姫籠渕《ひめごぶち》と呼《よ》ぶようになったということです。

※会津芦名家《あいづあしなけ》＝室町時代《むろまちじだい》に会津《あいづ》を治《おさ》めていた領主《りょうしゅ》

江川長者《えがわちょうじゃ》と中田《なかだ》の観音《かんのん》

（会津美里町《あいづみさとまち》）

寒川《さぶかわ》（会津美里町佐布川《あいづみさとまちさぶかわ》）に住《す》んでいた江川常俊《えがわつねとし》は、立派《りっぱ》な屋敷《やしき》と七《なな》つの白塗《しろぬ》りの土蔵《どぞう》を持《も》っていたので、里《さと》の人《ひと》たちから江川長者《えがわちょうじゃ》と呼《よ》ばれていました。

江川長者《えがわちょうじゃ》の夫婦《ふうふ》には、なかなか子《こ》どもができませんでした。それで雀林《すずめばやし》にある法用寺《ほうようじ》に願掛《がんか》けをし、ようやく願《ねが》いがかなって生《う》まれてきたのが、常子姫《つねこひめ》でした。長者夫婦《ちょうじゃふうふ》は、姫《ひめ》のことをたいそうかわいがり、大切《たいせつ》に育《そだ》てました。

すくすくと成長《せいちょう》した常子姫《つねこひめ》が、十七歳《じゅうななさい》になった春《はる》のことです。恒例《こうれい》の春《はる》の祭礼《さいれい》が開《ひら》かれていた法用寺《ほうようじ》では、近隣《きんりん》からたくさんの人《ひと》が参拝《さんぱい》に訪《おとず》れ、たいへんにぎわっていました。

姫《ひめ》もこの日《ひ》、乳母《うば》の曽根《そね》をお供《とも》に連《つ》れて、寒川《さぶかわ》から法用寺《ほうようじ》の祭礼《さいれい》へと出《で》かけていきました。すれ違《ちが》った人《ひと》たちが振《ふ》り向《む》いて見《み》るほど、姫《ひめ》はきれいな娘《むすめ》になっていました。姫《ひめ》が観音堂《かんのんどう》のお参《まい》りをすませ、お堂《どう》の前《まえ》にある虎《とら》の尾桜《おざくら》を眺《なが》めていた時《とき》のことでした。

ひとりの若者《わかもの》が、お供《とも》をともなってやってきました。米沢《よねざわ》の地頭《じがしら》、

富塚《とみつか》伊《い》賀守《がのかみ》盛勝《もりかつ》
でした。二十歳《にじゅっさい》
の盛勝《もりかつ》も
また、輝《かがや》く
ばかりの美《うつく》しい

若者《わかもの》でした。

盛勝《もりかつ》を見《み》た姫《ひめ》は、ひと目《め》でその姿《すがた》に心《こころ》を奪《うば》われました。曽根《そね》にうながされて歩《ある》きだしたものの、頭《あたま》の中《なか》は盛勝《もりかつ》のことでいっぱいで、口《くち》をきくことができませんでした。

屋敷《やしき》に帰《かえ》ってからも、姫《ひめ》は盛勝《もりかつ》のことを思《おも》い続《つづ》けました。夢《ゆめ》みるような心地《ここち》になったり、悲《かな》しくなってはらはら

と涙《なみだ》をこぼしたりしました。食事《しょくじ》がのどを通《とお》らなくなり、姫《ひめ》はだんだんやせていきました。

そんな姫《ひめ》を見《み》て、驚《おどろ》き嘆《なげ》いた長者夫婦《ちょうじゃふうふ》は、医者《いしゃ》を呼《よ》んでみてもらい、姫《ひめ》が元気《げんき》になるように祈《いの》り、あらゆる手《て》を尽《つ》くしましたが、姫《ひめ》の様子《ようす》は変《か》わらず、日《ひ》に日《ひ》に弱《よわ》っていきました。

乳母《うば》の曽根《そね》は、姫《ひめ》のそばを片時《かたとき》も離《はな》れずに付《つ》き添《そ》っていました。

ある日《ひ》、曽根《そね》は姫《ひめ》にこうたずねました。

「姫様《ひめさま》、何《なに》かわたしにお話《はな》ししたいことはありますか？」

すると、姫《ひめ》は口《くち》を開《ひら》き、小《ちい》さな声《こえ》で言《い》いました。

「曽根《そね》よ、よくぞ聞《き》いてくれた。わたしは、これからもう長《なが》く生《い》きられそうにない。せめてお前《まえ》だけには、話《はな》しておきたいことがあるのです」

そして姫《ひめ》は、こんな話《はなし》をしました。

法用寺《ほうようじ》の祭《まつり》の日《ひ》に、虎《とら》の尾桜《おざくら》の前《まえ》で見《み》かけた、あの輝《かがや》くばかりの美《うつく》しい男《おとこ》の人《ひと》のことを好《す》きになってしまった。その人《ひと》のことを思《おも》うだけで、胸《むね》が苦《くる》しくなる。誰《だれ》にも打《う》ち明《あ》けられずにいるうちに、こんなに重《おも》い病《やまい》になってしまったのだと。

口《くち》に出《だ》すことができてほっとしたのか、姫《ひめ》は話《はな》し終《お》わると、微笑《ほほえ》みを浮《う》かべながら、息《いき》を引《ひ》きとりました。

姫《ひめ》を失《うしな》った長者夫婦《ちょうじゃふうふ》は、たいそう嘆《なげ》き悲《かな》しみました。供養《くよう》にしたいと、姫《ひめ》によく似《に》た美《うつく》しい十一面観音菩薩像《じゅういちめんかんのんぼさつぞう》を作《つく》らせ、牛車《ぎっしゃ》にひかせて運《はこ》ぼうとしましたが、中田根岸《なかだねぎし》の里《さと》にさしかかったとたん、牛車《ぎっしゃ》が動《うご》かなくなってしまいました。

長者《ちょうじゃ》は、亡《な》き姫《ひめ》は心引《こころひ》かれた人《ひと》の屋敷《やしき》の近《ちか》くにいたがっているのだと思《おも》い、立派《りっぱ》な御堂《おどう》（中田《なかだ》の観音《かんのん》）を建《た》て、そこに安置《あんち》しました。屋敷《やしき》のある寒川《さぶかわ》に建立《こんりゅう》した観音寺《かんのんじ》の方《ほう》には、木彫《きぼ》りの観音像《かんのんぞう》をおさめたので、こちらは姉観音《あねかんのん》、中田《なかだ》の方《ほう》は妹観音《いもうとかんのん》と呼《よ》ばれるようになりました。

二《ふた》つの観音堂《かんのんどう》を建《た》てた江川長者《えがわちょうじゃ》は、寒川《さぶかわ》の地《ち》を離《はな》れ、旅《たび》に出《で》たまま帰《かえ》らなかったということです。

美女峠《びじょとうげ》と高姫伝説《たかひめでんせつ》
（昭和村《しょうわむら》）

むかし、源平合戦《げんぺいかっせん》といわれる源氏《げんじ》と平家《へいけ》の争《あらそ》いがありました。この時負《ときま》けた平家《へいけ》の家臣《かしん》の多《おお》くが、山奥《やまおく》へと逃《のが》れました。

平家《へいけ》の家臣《かしん》であった目指左衛門尉知親《めさしさえもんのじょうともちか》は、一度《いちど》は死《し》のうと思《おも》いましたが、まだ小《ち》さくあどけない一人娘《ひとりむすめ》の高姫《たかひめ》の命《いのち》を奪《うば》うことはできませんでした。知親《ともちか》は、どんなに辛《つら》くても高姫《たかひめ》を育《そだ》てようと心《こころ》に決《き》め、野尻村《のじりむら》（今《いま》の昭和村《しょうわむら》）横深《よこぶか》まで逃《に》げてきて隠《かく》れ住《す》んでいました。

そうして奥山《おくやま》
で暮《く》らすうち、高姫《たかひめ》
もやがて十八歳《じゅうはっさい》となり、
山百合《やまゆり》の花《はな》のような美《うつ》しい娘《むすめ》に
成長《せいちょう》しました。

さて、高姫《たかひめ》の住《す》む横深《よこぶか》から一《ひと》つ峠《とうげ》を越《こ》えた中向沢入《なかむかいさわいり》の兎久保《うさぎくぼ》に、やはり平家《へいけ》の落《お》ち武者《むしゃ》の子《こ》で中野丹下《なかのたんげ》という二十三《にじゅうさん》、四歳《よんさい》の若者《わかもの》がおりました。

同《おな》じような環境《かんきょう》の元《もと》に育《そだ》った二人《ふたり》は、やがてお互《たが》いに惹《ひ》かれ合《あ》うようになり、丹下《たんげ》は毎日《まいにち》のように峠《とうげ》を越《こ》えて高姫《たかひめ》に会《あ》いに来《く》るようになりました。

二人《ふたり》は一緒《いっしょ》に小鳥《ことり》や虫《むし》の声《こえ》を聞《き》いたり、木《き》の間《あいだ》をくぐって散歩《さんぽ》をしたり、たくさん話《はなし》をしたりして、仲良《なかよ》く楽《たの》しく過《す》ごしていました。

「今日《きょう》も、丹下《たんげ》さんといっぱいお話《はなし》しましょう」

と、高姫《たかひめ》は楽《たの》しみに待《ま》っていました。しかし、その日《ひ》はいくら待《ま》っても丹下《たんげ》の姿《すがた》は見《み》えませんでした。

丹下《たんげ》はその日《ひ》から、しばらく都合《つごう》が悪《わる》く、高姫《たかひめ》のもとに行《い》くことができなかったのです。

そうとは知《し》らない高姫《たかひめ》は、峠《とうげ》の清水《しみず》の湧《わ》き出《で》る場所《ばしょ》まで迎《むか》えに出《で》て、毎日毎日《まいにちまいにち》丹下《たんげ》が来《く》るのを待《ま》っていました。

待《ま》っているうちに、どんどんと日《ひ》は暮《く》れていきます。今来《いまく》るか、今来《いまく》るかと、ただ待《ま》つばかりの高姫《たかひめ》の胸《むね》には、松風《まつかぜ》の音《おと》が寂《さみ》しく吹《ふ》くばかりでした。

いつしか、高姫《たかひめ》が丹下《たんげ》を待《ま》つ峠《とうげ》を人《ひと》びとは「美女峠《びじょとうげ》」と言《い》うようになりました。また、丹下《たんげ》に会《あ》えるようにと願《ねが》って、口《くち》にした清水《しみず》を「高姫清水《たかひめしみず》」と土地《とち》の人《ひと》は名付《なづ》け、高姫《たかひめ》がとぼとぼと帰《かえ》っていったその峠《とうげ》は、「美女帰峠《びんじょうぎ》」と呼《よ》ばれました。

さてその後《ご》、この高姫《たかひめ》と丹下《たんげ》はどうなったでしょうか。

高姫《たかひめ》の父《ちち》は風邪《かぜ》を引《ひ》いたのが元《もと》で亡《な》くなってしまい、父《ちち》を失《うしな》った悲《かな》しみと丹下《たんげ》に会《あ》えない寂《さみ》しさに、高姫《たかひめ》は打《う》ちひしがれていました。

その痛々《いたいた》しい高姫《たかひめ》の姿《すがた》に、召使《めしつか》いの弥蔵《やぞう》はせめて二人《ふたり》を一緒《いっしょ》にさせてあげたいと思《おも》いました。その弥蔵《やぞう》の骨折《ほねお》りがあって、高姫《たかひめ》は大好《だいす》きな丹下《たんげ》と結婚《けっこん》することができました。二人《ふたり》はとても幸《しあわ》せでした。

しかし、この幸《しあわ》せは長《なが》くは続《つづ》きませんでした。


平家《へいけ》の生《い》き残《のこ》り探《さが》しが、ずっと続《つづ》いていたのです。とうとうこの山《やま》奥《おく》の村《むら》にも、その捜索《そうさく》が迫《せま》ってきました。

高姫《たかひめ》も丹下《たんげ》も元平家家臣《もとへいけかしん》の子《こ》ですから、捕《と》らえられたら二人《ふたり》は引《ひ》き裂《さ》かれて殺《ころ》されてしまうに違《ちが》いありません。

「別々《べつべつ》に殺《ころ》されてしまうなら、ここで一緒《いっしょ》に死《し》にましょう」

そう決心《けっしん》すると、二人《ふたり》は一緒《いっしょ》に命《いのち》を絶《た》ちました。

二人《ふたり》を心配《しんぱい》した弥蔵《やぞう》が駆《か》けつけた時《とき》には、二人《ふたり》の命《いのち》はもうこの世《よ》にはありませんでした。涙《なみだ》にあふれた弥蔵《やぞう》の目《め》が、障子《しょうじ》に書《か》かれた文字《もじ》を見《み》つけました。

覚悟《かくご》を決《き》めた二人《ふたり》は、和歌《わか》を残《のこ》してこの世《よ》を去《さ》ったのです。

丹下《たんげ》の和歌《わか》には「私《わたし》たちは一《ひと》つの石《いし》になります」という意味《いみ》の歌《うた》が詠《よ》まれており、二人《ふたり》の亡骸《なきがら》のそばには一《ひと》つの石《いし》がありました。

建暦《けんりゃく》二年《にねん》六月《ろくがつ》二十七日《にじゅうしちにち》のこと、八百年《はっぴゃくねん》以上《いじょう》もむかしの高姫《たかひめ》と丹下《たんげ》の物語《ものがたり》です。

今《いま》では、ほとんど人《ひと》の通《とお》らない道《みち》となりましたが、美女峠《びじょとうげ》の辺《あた》りには高姫《たかひめ》にちなんだ地名《ちめい》が多《おお》く残《のこ》っています。

一《ひと》つの石《いし》になった高姫《たかひめ》と丹下《たんげ》は、今《いま》も昭和村《しょうわむら》の山深《やまふか》くに、二人《ふたり》で静《しず》かに眠《ねむ》っているのでしょう。

坊主ヶ渕《ぼうずがぶち》

（湯川村《ゆがわむら》）

むかし、日橋川《にっぱしがわ》が毎年《まいとし》のように氾濫《はんらん》したので、湯川村《ゆがわむら》の高瀬《たかせ》のあたりは、しょっちゅう洪水《こうずい》がおきていました。高瀬《たかせ》と呼《よ》ばれていたのも、大水《おおみず》になると、川《かわ》の中《なか》に深《ふか》い渕《ふち》ができたり、水《みず》の流《なが》れが速《はや》くて波《なみ》が高《たか》くなったりしたためでした。それで人々《ひとびと》は集落《しゅうらく》ではなく、二軒《にけん》、三軒《さんけん》、ぽつりぽつりと離《はな》れた家《いえ》で暮《く》らしていました。

高瀬《たかせ》の村西《むらにし》に、土地《とち》の人《ひと》たちから坊主《ぼうず》ヶ《が》渕《ぶち》と呼《よ》ばれる場所《ばしょ》がありました。今《いま》は公園《こうえん》になっているその場所《ばしょ》には、四百《よんひゃく》四十年《よんじゅうねん》ほど前《まえ》から伝《つた》わるこんな話《はなし》があります。

ある日《ひ》のこと、ひとりの年老《としお》いた坊様《ぼうさま》が、このあたりで足《あし》を止《と》めて、洪水《こうずい》があったあとの、樹木《じゅもく》が倒《たお》れ

田《た》んぼに砂利《じゃり》が
流《なが》れ込《こ》んでいる様子《ようす》を
じっと見《み》ていました。
道《みち》を歩《ある》いていた村人《むらびと》に、
坊様《ぼうさま》はたずねました。
「田《た》んぼがひどく荒《あ》れているようだが、
この前《まえ》の洪水《こうずい》でやられたのか？」
「へえ、見《み》ての通《とお》り、洪水《こうずい》で
みんなやられっちまっただよ。
食《く》うもんも、着《き》るもんもねえ

し、おまけに悪《わる》い病《やまい》がはやって、みんな困《こま》りはててんだよ。坊様《ぼうさま》は旅《たび》のお方《かた》だべか？　どっから来《き》らっただし？」

と村人《むらびと》が言《い》うと、

「わしは山形生《やまがたう》まれの坊主《ぼうず》だが、会津《あいづ》の洪水《こうずい》がとんでもなくひどかった話《はなし》を聞《き》いてなあ、亡《な》くなった人《ひと》を供養《くよう》して、困《こま》っている人《ひと》を見舞《みま》ってやりたいとやってきたんだ。はやり病《やまい》の方《ほう》も、早《はや》く退散《たいさん》させてやりたいと思《おも》ってんだがなあ」

と坊様《ぼうさま》は言《い》いました。

「それはそれは、ありがてえ。坊様《ぼうさま》、どうかよろしくお頼《たの》み申《もう》します」

と村人《むらびと》は頭《あたま》を下《さ》げました。

坊様《ぼうさま》は、

「これから、この※1団扇太鼓《うちわだいこ》に合《あ》わせて、お※2題目《だいもく》を※3百万遍《ひゃくまんべん》唱《とな》えて回《まわ》ろう」

と言《い》うと、村人《むらびと》の家《いえ》を一軒一軒《いっけんいっけん》たずねて歩《ある》きました。

「南無《なむ》妙法蓮華経《みょうほうれんげきょう》……ポンポコポンポコ」

「南無《なむ》妙法蓮華経《みょうほうれんげきょう》……ポンポコポンポコ」

坊様《ぼうさま》は祈願《きがん》をしながら、二十一日間《にじゅういちにちかん》ずっとそれを続《つづ》けました。そのあいだに、坊様《ぼうさま》のお題目《だいもく》の声《こえ》と太鼓《たいこ》の音《おと》は、村人《むらびと》の心《こころ》の奥底《おくそこ》に響《ひび》いていきました。


ついに百万遍《ひゃくまんべん》のお題目《だいもく》が終《お》わる頃《ころ》には、悪《わる》い病《やまい》は消《き》えていました。

「悪《わる》い病《やまい》が消《き》えて、体《からだ》の中《なか》から力《ちから》がわいてきた。早《はや》く坊様《ぼうさま》のところさ行《い》って、礼《れい》を言《い》うべ」

村人《むらびと》たちはみんなで連《つ》れ立《だ》って、

「おーい、坊様《ぼうさま》、おーい、坊様《ぼうさま》」

と呼《よ》びながら、あちこちをさがしました。ところが、坊様《ぼうさま》の姿《すがた》はどこにもありませんでした。

村人《むらびと》たちが、川《かわ》の渕《ふち》までやってきたときです。水《みず》の中《なか》から坊様《ぼうさま》のお題目《だいもく》の声《こえ》と、ポンポコポンポコ、という太鼓《たいこ》の音《おと》が聞《き》こえた気《き》がして、村人《むらびと》たちは思《おも》わず立《た》ち止《ど》まりました。

「なあ、水《みず》の中《なか》から聞《き》こえるのは、坊様《ぼうさま》のお題目《だいもく》でねえか？」

「ああ、太鼓《たいこ》の音《おと》もしてるみてえだ」

「おらたちのために、祈《いの》り続《つづ》けてくださるのか？」

「なんとも、ありがたいことだなあ」

「ほんにほんに、ありがたいことだ」

村人《むらびと》たちは、川《かわ》の中《なか》から聞《き》こえる音《おと》に耳《みみ》をすませ、手《て》を合《あ》わせました。


それからというもの、村人《むらびと》たちは、みんなで力《ちから》を合《あ》わせ、田《た》んぼを元通《もとどお》りにして、汗水《あせみず》たらして働《はたら》きました。

坊様《ぼうさま》のお題目《だいもく》と太鼓《たいこ》の音《おと》が聞《き》こえた場所《ばしょ》は、坊主《ぼうず》ヶ《が》渕《ぶち》と呼《よ》ばれるようになり、今《いま》もその名前《なまえ》が残《のこ》されています。

※1 団扇太鼓《うちわだいこ》＝仏教《ぶっきょう》で用《もち》いられる団扇《うちわ》の形《かたち》をした太鼓《たいこ》
※2 題目《だいもく》＝仏教《ぶっきょう》の言葉《ことば》
※3 百万遍《ひゃくまんべん》＝百万回《ひゃくまんかい》

マヤの墓《はか》

（只見町《ただみまち》）

塩ノ岐村《しおのまたむら》の庄屋《しょうや》の家《いえ》に、ひとりの娘《むすめ》がいました。庄屋《しょうや》の家《いえ》は村《むら》の真《ま》ん中《なか》の小高《こだか》い丘《おか》の上《うえ》にあり、その家《いえ》を囲《かこ》むように小川《おがわ》が流《なが》れ、茅葺《かやぶ》きの家《いえ》が建《た》ち並《なら》んでいました。

娘《むすめ》は、木立《こだち》に囲《かこ》まれた静《しず》かな家《いえ》で、輝《かがや》くばかりに美《うつく》しく育《そだ》ちました。十五《じゅうご》、十六《じゅうろく》になると、娘《むすめ》の評判《ひょうばん》は隣《となり》の村《むら》まで届《とど》くようになり、大勢《おおぜい》の若者《わかもの》たちが結婚《けっこん》を申《もう》し込《こ》みにくるのでした。

それでも娘《むすめ》はちっとも幸《しあわ》せではありませんでした。村《むら》の暮《く》らしにあきあきしていたのです。

「ああ、あの山《やま》の向《む》こうには何《なに》があんだべ。山《やま》を越《こ》え、川《かわ》を越《こ》え、また山《やま》を越《こ》えたら、どんな景色《けしき》があんだべなぁ」

娘《むすめ》はそんなことを思《おも》いながら、あくびの出《で》そうな毎日《まいにち》を送《おく》っていたのでした。

その頃《ころ》、只見《ただみ》川上流《がわじょうりゅう》の銀山平《ぎんざんだいら》というところに鉱山《こうざん》が見《み》つかり、銀《ぎん》がたくさん採《と》れて、江戸《えど》に送《おく》られるようになりました。娘《むすめ》の村《むら》からも働《はたら》きに行《い》く人《ひと》が何人《なんにん》もいて、娘《むすめ》の父親《ちちおや》も村役《むらやく》人《にん》として銀山平《ぎんざんだいら》に行《い》くこともありました。

そんなある日《ひ》、銀山平《ぎんざんだいら》で働《はたら》く人《ひと》たちが、塩ノ岐《しおのまた》の山《やま》は銀山平《ぎんざんだいら》に似《に》ていると言《い》い出《だ》しました。ためしに

林《はやし》の中《なか》を探《さが》してみると、なんと庄屋《しょうや》の山《やま》から鉱石《こうせき》が発見《はっけん》されたのです。庄《しょう》屋《や》は早速《さっそく》※1お上《かみ》に願《ねが》い出《で》て、本格的《ほんかくてき》に鉱山《こうざん》掘《ほ》りが始《はじ》まりました。庄《しょう》屋《や》の山《やま》は豊《ゆた》かな鉱山《こうざん》で、やがて百人《ひゃくにん》を超《こ》える人《ひと》たちが働《はたら》くようになりました。

働《はたら》く人《ひと》たちの中《なか》には※2山師《やまし》もおりました。山師《やまし》というのは、日本中《にほんじゅう》の鉱山《こうざん》をわたり歩《ある》いているものです。北《きた》も南《みなみ》も江戸《えど》も京《きょう》の都《みやこ》もいろいろなところへ行《い》き、いろいろなものを見《み》て聞《き》いて知《し》っています。山師《やまし》は、庄屋《しょうや》の美《うつく》しい娘《むすめ》に珍《めずら》しい話《はなし》をたくさん聞《き》かせました。江戸《えど》のにぎやかなこと、都《みやこ》のはなやかなこと、見《み》たこともない動物《どうぶつ》や花《はな》や、どんな味《あじ》なのか想像《そうぞう》もつかない食《た》べ物《もの》のこと。娘《むすめ》が山師《やまし》に夢中《むちゅう》になったのは無理《むり》もないことでした。

ある日《ひ》、娘《むすめ》の姿《すがた》は村《むら》から消《き》えました。山師《やまし》の姿《すがた》もありません。家《いえ》の人《ひと》たちはたいそう心配《しんぱい》して、八方探《はっぽうさが》しましたが、娘《むすめ》の行方《ゆくえ》はわかりません。

それからまた何年《なんねん》も何年《なんねん》もの月日《つきひ》が流《なが》れました。庄屋《しょうや》の鉱山《こうざん》は鉱石《こうせき》を掘《ほ》り尽《つ》くし、そこで働《はたら》いていた人《ひと》たちも、みんなそれぞれの場所《ばしょ》へと散《ち》っていきました。あれほどにぎやかだった塩ノ岐《しおのまた》は、元《もと》の静《しず》かな村《むら》に戻《もど》っていました。

娘《むすめ》の父親《ちちおや》と母親《ははおや》は、「あの子《こ》は今《いま》どこにいんだべ。さすけなく暮《く》らしてんだべか」と、娘《むすめ》を心配《しんぱい》したまま死《し》んでしまいました。

ある秋《あき》の日《ひ》、おこそずきん※3で顔《かお》を隠《かく》したひとりの女《おんな》が、人目《ひとめ》をさけるように村《むら》へやってきました。女《おんな》は塩ノ岐八塩田《しおのまたやしおだ》の村《むら》はずれにある元《もと》の鉱山小屋《こうざんごや》に寝泊《ねと》まりしているようでしたが、みすぼらしい姿《すがた》にくわえ、ひどい病気《びょうき》のようにも見《み》え、近寄《ちかよ》る者《もの》もありませんでした。ただ、

「あの女《おんな》はひょっとして、むかし、突然《とつぜん》いなくなったという庄屋《しょうや》の娘《むすめ》じゃねえべか」と、人々《ひとびと》の間《あいだ》では噂《うわさ》になっていたのです。

しかし身《み》の上《うえ》を聞《き》きにくるものも、助《たす》けにくるものもないまま、女《おんな》は川《かわ》の淵《ふち》に身《み》を沈《しず》めて死《し》んでしまいました。

塩ノ岐《しおのまた》の人《ひと》たちは、女《おんな》をあわれんで八塩田《やしおだ》に手厚《てあつ》く葬《ほうむ》りました。

「最後《さいご》はやっぱり、なつかしい故郷《ふるさと》で死《し》にたかったんだべなぁ」

「親不孝《おやふこう》して、後悔《こうかい》したんだべか」

「そんでも、楽《たの》しいことも幸《しあわ》せなことも、いっぺあったんだべ」

「んだなぁ、そうでねっか気《き》の毒《どく》でしょうもあんめ」

人々《ひとびと》はそれぞれに娘《むすめ》に想《おも》いをよせ、寂《さび》しげな墓《はか》は、庄屋《しょうや》の娘《むすめ》の名《な》にちなみ、「マヤの墓《はか》」と呼《よ》ばれています。

※1　お上《かみ》＝領主《りょうしゅ》。地域《ちいき》の責任者《せきにんしゃ》
※2　山師《やまし》＝鉱業《こうぎょう》の専門家《せんもんか》。鉱山《こうざん》でいろいろな手配《てはい》をして仕事《しごと》をまとめる人《ひと》
※3　おこそずきん＝目《め》だけ出《で》して顔《かお》と頭《あたま》を全部《ぜんぶ》つつむ、婦人用《ふじんよう》の防寒《ぼうかん》ずきん

如法寺《にょほうじ》の角力取《すもうと》り仁王《※におう》

（西会津町《にしあいづまち》）

山《やま》の神様《かみさま》で有名《ゆうめい》な、野沢《のざわ》の大山祇神社《おおやまづみじんじゃ》へいく途中《とちゅう》の高台《たかだい》に、如法寺《にょほうじ》という古《ふる》いお寺《てら》があります。鳥追観音《とりおいかんのん》の名前《なまえ》でもよく知《し》られ、会津《あいづ》ころり観音《かんのん》のひとつとして、今《いま》も多《おお》くの人々《ひとびと》の信仰《しんこう》を集《あつ》めています。如法寺《にょほうじ》には、こんなお話《はなし》が残《のこ》されています。

大《おお》むかしのこと、里《さと》の人《ひと》たちが坂《さか》をのぼり、如法寺《にょほうじ》の観音堂《かんのんどう》に近《ちか》づ

くと、突然《とつぜん》仁王《におう》が現《あらわ》れて、
「角力《すもう》をとろう、角力《すもう》をとろう」
と、強《つよ》そうな相手《あいて》に
勝負《しょうぶ》を挑《いど》むのです。

挑《いど》まれた相手《あいて》はたまったものではありません。なんといっても相手《あいて》は仁王《におう》。たちまち突《つ》き飛《と》ばされ、叩《たた》きつけられ、さんざんな目《め》にあうことになりました。

こんなことが毎晩《まいばん》続《つづ》くので、困《こま》った里人《さとびと》たちはお寺《てら》の僧《そう》と話《はな》し合《あ》いました。

「あの仁王《におう》には困《こま》っちまった。寺《てら》のほうで、なんとかなんねのがよ」

里人《さとびと》たちは言《い》います。

とはいっても、とても強《つよ》い仁王《におう》のこと。お坊《ぼう》さんでもかないません。しかたがないので、仁王《におう》が床下《ゆかした》で寝《ね》ている間《あいだ》に、いく人《にん》かで縛《しば》り上《あ》げ、観音堂《かんのんどう》の天井裏《てんじょううら》に閉《と》じこめてしまいました。

それからというもの、仁王《におう》が出《で》てきて角力《すもう》を挑《いど》むことはなくなり、里人《さとびと》たちは安心《あんしん》して暮《く》らしたということです。

さて長《なが》い長《なが》い時《とき》がめぐり、天井裏《てんじょううら》に仁王像《におうぞう》があるという言《い》い伝《つた》えは、本当《ほんとう》なのかどうか確《たし》かめてみようということになりました。

文化財《ぶんかざい》の係《かかり》の人《ひと》たちが二《に》、三人《さんにん》、観音堂《かんのんどう》の天井裏《てんじょううら》に上《あ》がりました。すすやほこりで真《ま》っ黒《くろ》になりながら探《さが》し回《まわ》ったところ、顔《かお》は欠《か》けすすまみれになった仁王像《におうぞう》が、はたして実際《じっさい》に転《ころ》がっていたのです。調《しら》べてみると、今《いま》から千二百年《せんにひゃくねん》もむかし、如法寺《にょほうじ》が建《た》てられた頃《ころ》に造《つく》られた、立派《りっぱ》な仏像《ぶつぞう》だということがわかりました。今《いま》は福島県《ふくしまけん》の文化財《ぶんかざい》として観音堂《かんのんどう》の中《なか》に大切《たいせつ》に納《おさ》められています。

むかしばなしと思《おも》っていたことが、本当《ほんとう》にあったことだとわかり、みんなとても不思議《ふしぎ》な気持《きも》ちになりました。でもどうして、こんなことになってしまったのでしょう。

最初《さいしょ》は仁王尊《におうそん》としてお堂《どう》の中《なか》に祭《まつ》られていたものが、観音様《かんのんさま》が置《お》かれることになり、仁王像《におうぞう》は一度《いちど》床下《ゆかした》にしまわれてしまったのかもしれません。

角力《すもう》取《と》り仁王《におう》になって人々《ひとびと》に角力《すもう》を挑《いど》んだのは、それが不満《ふまん》だったのでしょうか。それとも自由《じゆう》な身《み》になったのがうれしくて、いたずらをしたのでしょうか。そればかりは仁王像《におうぞう》に聞《き》いてみなければわかりません。

※ 仁王《におう》＝金剛力士《こんごうりきし》とよばれる仏像《ぶつぞう》。寺《てら》の門《もん》に立《た》ち、悪《あく》から守《まも》る守護神《しゅごじん》

※1 狗《ぐ》ひん様《さま》の伝説《でんせつ》

（三島町《みしままち》）

志津倉山《しづくらやま》はとても不思議《ふしぎ》な山《やま》で、神山《かみやま》ともいわれます。そのわけは、狗《ぐ》ひん様《さま》がいるからです。狗《ぐ》ひん様《さま》が確《たし》かにいるというその証拠《しょうこ》に、山奥《やまおく》ではときどき『空木《からき》かえし』があります。大木《たいぼく》がどどーんと倒《たお》れる音《おと》や、大《おお》きな石《いし》がごろごろと転《ころ》がる音《おと》がとどろき渡《わた》るのに、行《い》ってみると、木《き》が倒《たお》れた様子《ようす》も岩《いわ》が転《ころ》がった様子《ようす》もないのです。

これは狗《ぐ》ひん様《さま》のしわざといわれ、山《やま》からこの音《おと》がするときは、村《むら》の人《ひと》たちは、けっして山《やま》に入《はい》りません。そして、このとき狗《ぐ》ひん様《さま》の悪口《わるくち》など言《い》おうものなら、音《おと》はますますひどくなるのです。

むかし、山竹《やまたけ》を切《き》りに、七人《しちにん》の若者《わかもの》たちが志津倉山《しづくらやま》の奥《おく》へと入《はい》りました。とちゅうで暗《くら》くなってきたので、その日《ひ》は山小屋《やまごや》に泊《と》まることにしました。

真夜中《まよなか》のことです。あの空木《からき》かえしがいきなり始《はじ》まったのです。

どどー　どどーん　どどー　どどーん

こっちから大木《たいぼく》が倒《たお》れる音《おと》が響《ひび》いたかと思《おも》うと、

ごろーごろーごろごろごろごろー

あっちから大岩《おおいわ》が転《ころ》がる音《おと》がしてきます。

その恐《おそ》ろしさといったら！

若者《わかもの》たちは黙《だま》って顔《かお》を見合《みあ》わせていましたが、恐怖《きょうふ》に耐《た》えられなくなった者《もの》がつい叫《さけ》んでしまいました。

「狗《ぐ》ひん様《さま》のバカヤロ――」

すると、音《おと》がますますひどくなり、だんだん近《ちか》づいてくるではありませんか。小屋《こや》はぐらぐらと揺《ゆ》れています。ふうーっと生《なま》ぐさい風《かぜ》が吹《ふ》いたかと思《おも》うと、毛《け》むくじゃらの大足《おおあし》が、

屋根《やね》をドスンと突《つ》きやぶり、若者《わかもの》たちの目《め》の前《まえ》に現《あらわ》れました。

若者《わかもの》のひとりが勇気《ゆうき》をふりしぼり、炉《ろ》からほだ※2をつかみ出《だ》し、その足《あし》を力《ちから》いっぱいたたくと、たちまち大風《おおかぜ》が吹《ふ》き、バリバリと音《おと》をたて、屋根《やね》がそっくり吹《ふ》き飛《と》んでいきました。

七人《しちにん》は一晩中《ひとばんじゅう》抱《だ》き合《あ》ってふるえながら、夜《よ》が明《あ》けるのを待《ま》ちました。ようやく朝《あさ》になると、竹《たけ》の一本《いっぽん》も切《き》らずに、一目散《いちもくさん》に逃《に》げ帰《かえ》ったということです。

志津倉山《しづくらやま》には、そんな不思議《ふしぎ》なお話《はなし》がたくさん伝《つた》えられています。

※1　狗《ぐ》ひん様《さま》＝天狗《てんぐ》の仲間《なかま》。山《やま》の神《かみ》ともいわれる
※2　ほだ＝火《ひ》がついた木《き》

なるほど話《ばなし》

如蔵尼《にょぞうに》

（磐梯町《ばんだいまち》）

磐梯町《ばんだいまち》の慧日寺跡《えにちじあと》から少《すこ》し西《にし》へ行《い》った山《やま》すそに、三体《さんたい》の小《ちい》さな五輪塔《ごりんとう》に囲《かこ》まれた墓《はか》があります。如蔵尼《にょぞうに》の供養《くよう》のために後《のち》の世《よ》の人《ひと》が建《た》てたものと伝《つた》わっていて、近《ちか》くには如蔵尼《にょぞうに》が使《つか》ったといわれる如蔵清水《にょぞうしみず》もあります。

如蔵尼《にょぞうに》は、桓武天皇《かんむてんのう》の子孫《しそん》であり、平安時代《へいあんじだい》の武士《ぶし》だった平将門《たいらのまさかど》の三女《さんじょ》の姫《ひめ》のことです。

姫《ひめ》は、心優《こころやさ》しく、姿《すがた》も美《うつく》しく、歌《うた》を詠《よ》んだり、楽器《がっき》を演奏《えんそう》することにも秀《ひい》でていたので、姫《ひめ》を妻《つま》に欲《ほ》しいという男《おとこ》はたくさんいましたが、結婚《けっこん》することはありませんでした。

その後《ご》、父《ちち》の将門《まさかど》が関東地方《かんとうちほう》で反乱《はんらん》を起《お》こし、攻《せ》めほろぼされてしまいましたが、姫《ひめ》は難《なん》を逃《のが》れ、慧日寺《えにちじ》のそばで、ひとり静《しず》かに暮《く》らしていました。ところが、ある日病《ひやまい》にかかり、死《し》んでしまいました。

姫《ひめ》は、死《し》んだ人《ひと》が生前《せいぜん》の行《おこな》いを調《しら》べられる閻魔庁《えんまちょう》につきました。そこには、罪人《つみびと》になり、縄《なわ》につながれて、嘆《なげ》き悲《かな》しむ多《おお》くの人《ひと》たちがいました。

姫《ひめ》が驚《おどろ》いて見《み》ていると、罪人《ざいにん》たちのあいだを、あちらこちらと走《はし》り回《まわ》っている、姿《すがた》かたちの整《ととの》ったひとりの僧《そう》がいました。左手《ひだりて》に※1錫杖《しゃくじょう》を持《も》ち、右手《みぎて》には一巻《ひとまき》の書物《しょもつ》を持《も》っていました。

「あれは、地蔵様《じぞうさま》ではないか？」

と罪人《つみびと》たちがささやく声《こえ》を聞《き》いて、姫《ひめ》は僧《そう》に近寄《ちかよ》り、ひざまづき、手《て》を合《あ》わせて、

「南無帰命頂礼地蔵菩薩《なむきみょうちょうらいじぞうぼさつ》」

と三回唱《さんかいとな》えました。すると僧《そう》は姫《ひめ》に言《い》いました。

「おまえは、わたしを知《し》っているのか？　わたしは、地獄《じごく》に落《お》ちた人《ひと》を救《すく》う地蔵菩薩《じぞうぼさつ》である。見《み》たところ、おまえは、罪人《つみびと》ではないようだ。

王

救《すく》ってやりたいと思うが、どうじゃ？」

「お地蔵様《じぞうさま》、どうかわたしの命《いのち》を助《たす》けてください」

と姫《ひめ》は言《い》いました。

僧《そう》は、姫《ひめ》を閻魔大王《えんまだいおう》の前《まえ》に連《つ》れていって、言《い》いました。

「ここにいるのは、まことに信仰心《しんこうしん》の厚《あつ》い人《ひと》です。結婚《けっこん》をしないで、一心《いっしん》に祈《いの》りながら生《い》きていました。病《やまい》で命《いのち》をなくして、ここに来《き》ましたが、元《もと》の世《よ》に戻《もど》してやってもいいと思《おも》います」

閻魔大王《えんまだいおう》は、姫《ひめ》を見《み》てうなずき、

「その通《とお》りにしよう」

と言《い》いました。そこで、僧《そう》は姫《ひめ》を門《もん》の外《そと》に連《つ》れ出《だ》し、

「これからも一心《いっしん》に祈《いの》りを続《つづ》けるのですよ」

と教《おし》えました。

そのとたん、姫《ひめ》はふっと息《いき》を吹《ふ》き返《かえ》し、喜《よろこ》びの涙《なみだ》を流《なが》しました。

それから、姫《ひめ》は慧日寺《えにちじ》の僧《そう》に頼《たの》んで※2尼《あま》となり、名前《なまえ》を如蔵《にょぞう》と改《あらた》め、朝《あさ》に夕《ゆう》に仏《ほとけ》におつかえしながら暮《く》らしました。

如蔵尼《にょぞうに》となった姫《ひめ》は、八十歳《はちじゅっさい》を過《す》ぎるまで長生《ながい》きし、床《ゆか》の上《うえ》に正座《せいざ》をして、※3念仏《ねんぶつ》を唱《とな》えながら死《し》んでいったということです。

※1　錫杖《しゃくじょう》＝先端《せんたん》に金属《きんぞく》の輪《わ》がついた杖《つえ》。僧《そう》などが持《も》つもの　※2　尼《あま》＝女性《じょせい》の僧《そう》

※3　念仏《ねんぶつ》＝仏様《ほとけさま》の姿《すがた》を思《おも》い浮《う》かべたり、名前《なまえ》を唱《とな》えたりすること

猿《さる》とウサギと熊《くま》とカワウソの悪知恵《わるぢえ》

（檜枝岐村《ひのえまたむら》）

山《やま》の奥《おく》に、※炭焼《すみや》きをして暮《く》らしているじいさまとばあさまがおりました。

「ばあさま、どうする。正月《しょうがつ》なのになぁ」

正月準備《しょうがつじゅんび》をしたいのですが、お金《かね》がありません。

「じいさま、せめて新《あたら》しいござともち米《ごめ》、塩《しお》と豆《まめ》でもあれば、なんとか年《とし》は越《こ》せましょう」

じいさまは、なけなしのお金《かね》をふところに、里《さと》まで出《で》かけていきました。

さて、その様子《ようす》を見《み》ていたのが、猿《さる》とウサギと熊《くま》とカワウソでした。

「やれ、じいさま、里《さと》さ行《い》ったな。じいさまの仕入《しい》れもの、横取《よこど》りしてやんべや」

猿《さる》とウサギと熊《くま》とカワウソはひそひそと相談《そうだん》しました。

「まんず、ウサギだ。おめは、さも痛《いた》そうに足《あし》をひきずりひきずりじいさまの前通《まえとお》れ。じいさま、正月《しょうがつ》のおかずになるわいって、張《は》り切《き》っておめのこと追《お》っかげんべ。そのうち困《こま》って、荷物下《にもつした》さ置《お》くべから、そしたら横取《よこど》りしてやんべ」

やがて、じいさまが通《とお》りかかりました。
ウサギは計画通《けいかくどお》り、けがをしているような

ふりをして、じいさまの前《まえ》を歩《ある》きます。
じいさまはあんのじょう、
荷物《にもつ》を背負《せお》ったままウサギを追《お》いかけますが、
ウサギは追《お》いつけるようで
追《お》いつけません。
じいさまはついに荷物《にもつ》を下《お》ろし、
本気《ほんき》になって
追《お》いかけました。

そのうちに日《ひ》も暮《く》れ、じいさまがウサギをあきらめ戻《もど》ってくると、大事《だいじ》な荷物《にもつ》がありません。かわいそうなじいさまとばあさまは、なにもない正月《しょうがつ》を迎《むか》えるしかありませんでした。

さて、四匹《よんひき》の動物《どうぶつ》たちは、その後《ご》どうしたのでしょう。

「猿《さる》どんは、いつも木《き》の上《うえ》に尻《しり》ついてっから、ござがいいべ」

「カワウソどんは、魚食《さかなく》うから塩《しお》がいいべ」

「熊《くま》どんは色《いろ》が黒《くろ》いから、白《しろ》くなるようにもち米《ごめ》がいいべ」

「豆《まめ》はウサギどんの大好物《だいこうぶつ》だべ」

そう話《はなし》がまとまり、四匹《よんひき》は大満足《だいまんぞく》でした。

猿《さる》はさっそく、木《き》の枝《えだ》にござを敷《し》きました。いいあんばいです。気《き》持《も》ちよく昼寝《ひるね》をしていると、ござは木《き》からすべり落《お》ち、猿《さる》はお尻《しり》をしたたか打《う》ちました。

猿《さる》はお尻《しり》をさすりさすり、ぷんぷん怒《おこ》りながら、カワウソのところへ行《い》きました。

「猿《さる》どん、おれにまったく悪《わる》いものを当《あ》ててくっちゃな。家《いえ》に帰《かえ》っぺと思《おも》って水《みず》の中《なか》に飛《と》びこんだら、塩《しお》はみんな溶《と》けっちまった。ああ、おもしゃぐね」

カワウソもぷんぷん怒《おこ》っています。

猿《さる》とカワウソは、ウサギのようすを見《み》に行《い》きました。

「ああ、悪《わる》いもの当《あ》てらっちゃ。豆食《まめく》いすぎて腹《はら》こわした。まったくおもしゃぐねがった」

なんとウサギもぷんぷんです。

猿《さる》とカワウソとウサギは、今度《こんど》は熊《くま》のところへ行《い》きました。熊《くま》が一《いち》番《ばん》とくをしたに決《き》まっています。

するとどうでしょう。熊《くま》は頭《あたま》にハチマキをして、うんうんうなっているではありませんか。

「もち米食《ごめく》ったら、ひどい熱病《ねつびょう》にかかっちまった。みんなもひどい目《め》にあっただな」

貧《まず》しいじいさまをひどい目《め》にあわせたらひどい目《め》にあったと、四匹《よんひき》の動物《どうぶつ》たちは、みんなしょんぼりしてしまいましたとさ。

※炭焼《すみや》き＝木材《もくざい》を高温《こうおん》で焼《や》いて炭《すみ》を作《つく》ること

鬼《おに》の涙《なみだ》

（金山町《かねやままち》）


金山町鮭立《かねやまちさけだち》の村《むら》に、小《ちい》さなお宮《みや》がありました。そのお宮《みや》は大《おお》きな杉《すぎ》の木《き》に囲《かこ》まれて、お日《ひ》さまの光《ひかり》もなかなか届《とど》かないほどでした。

近《ちか》くの山《やま》には鬼《おに》が住《す》んでおり、鬼《おに》はこのお宮《みや》が薄暗《うすぐら》いのをいいことに、木《き》の陰《かげ》に隠《かく》れて待《ま》ち伏《ぶ》せしては、物《もの》を盗《と》ったり人《ひと》をさらったりするのでした。

「ほんに、困《こま》ったもんだ」

「どうしたら、いいんだべ」

困《こま》り果《は》てた村人《むらびと》たちは鬼退治《おにたいじ》の方法《ほうほう》を色々考《いろいろかんが》えましたが、なかなか良《よ》い知恵《ちえ》が浮《う》かびません。

この話《はなし》を屋根《やね》の上《うえ》で聞《き》いていた屋根葺《やねふ》き職人《しょくにん》さんが、「わしは、大変《たいへん》えらい神主《かんぬし》さんを知《し》っていますがのう」と、下《した》を覗《のぞ》いて言《い》いました。

藁《わら》をもすがる思《おも》いの村人《むらびと》たちは、さっそくその神主《かんぬし》さんにご祈祷《きとう》をしてもらうことにしました。

「三日三晩《みっかみばん》の間《あいだ》は、誰《だれ》もここに近《ちか》づいてはならぬ」

そう言《い》って、白《しろ》い着物姿《きものすがた》の神主《かんぬし》さんは、お宮《みや》の中《なか》に入《はい》っていきました。

そして三日《みっか》三晩《みばん》がたって、村人《むらびと》たちが恐《おそ》るおそるお宮《みや》に入《はい》っていきました。

おやっ、あまりに静《しず》かで、神主《かんぬし》さんの姿《すがた》が見《み》えません。

「まさか、鬼《おに》に食《く》われっちまったであるめえな」

「神主《かんぬし》さまぁ〜、神主《かんぬし》さまぁ〜」

「神主《かんぬし》さまぁ〜、どこですかい」

みんなであちこち探《さが》しましたが、やはり神主《かんぬし》さんの姿《すがた》はありません。

「あぁ、神主様《かんぬしさま》が鬼《おに》に食《く》われっちまったぁ…」

みんなが頭《あたま》を抱《かか》えていると、一人《ひとり》の若者《わかもの》が「あぁーっ」と声《こえ》を上《あ》げました。

「え、え、縁《えん》の下《した》に…」

若者《わかもの》が指《ゆび》さしている縁《えん》の下《した》をみんなが覗《のぞ》いてみると、そこには一匹《いっぴき》の白蛇《しろへび》がいました。

白蛇《しろへび》は、じっと座《すわ》るようにして動《うご》きません。

「もしかしたら、あれは神主様《かんぬしさま》じゃねぇのか」

「そうだ、あのお姿《すがた》は神主様《かんぬしさま》に違《ちが》いねえ」

「このお宮《みや》の、守《まも》り神様《かみさま》になられたんじゃ」

村人《むらびと》は、その白《しろ》い蛇《へび》に手《て》を合《あ》わせ、酒《さけ》や餅《もち》や食《た》べ物《もの》をお供《そな》えしました。

それから何日《なんにち》かたった、ある夜《よる》のことです。

神社《じんじゃ》の方《ほう》からドッスン、バッタン、ガッタン、ドッテンと、激《はげ》しい物音《ものおと》が聞《き》こえてきました。そして、「ギャーーン」という一声《ひとこえ》を残《のこ》して、あとは元《もと》のように静《しず》かになりました。

夜《よ》が明《あ》けて村人《むらびと》が神社《じんじゃ》に駆《か》けつけますと、まったく静《しず》かで、誰《だれ》もいません。白《しろ》い蛇《へび》の姿《すがた》もありません。ただ、地面《じめん》には杉《すぎ》の枝《えだ》が落《お》ち、草《くさ》がなぎ倒《たお》されて、何《なに》やら戦《たたか》ったような跡《あと》がありました。

「あれっ？　これは…何《なん》だべ」

お宮《みや》の脇《わき》に、小《ちい》さな水《みず》たまりがあります。

「夕《ゆ》んべは、雨《あめ》なんぞ降《ふ》らなかったぞ」

村人《むらびと》は、不思議《ふしぎ》そうに顔《かお》を見合《みあ》わせました。そして気《き》が付《つ》きました。

「あれは、鬼《おに》の涙《なみだ》でねえのか」

「夕《ゆ》んべ、白蛇《しろへび》の神主様《かんぬしさま》が鬼《おに》と戦《たたか》ってくれたんだ」

「そんだ、あれは降参《こうさん》して泣《な》いた鬼《おに》の涙《なみだ》に違《ちが》いねえ」

村人《むらびと》は、鬼《おに》を退治《たいじ》してくれた白蛇様《しろへびさま》に深《ふか》く手《て》を合《あ》わせました。

それからというもの、鮭立《さけだち》の村《むら》に鬼《おに》が現《あらわ》れることはありませんでした。

ですが、毎年春《まいとしはる》になるとお宮《みや》の脇《わき》には鬼《おに》の涙《なみだ》の水《みず》たまりができ、時《とき》折白《おりしろ》い蛇《へび》の姿《すがた》も見《み》えるということです。

こわい話《はなし》

高坂《たかさか》のソバと田代《たしろ》のとろろ

（会津若松市《あいづわかまつし》）

今《いま》から五百年《ごひゃくねん》よりもっと前《まえ》のお話《はなし》です。

その頃《ころ》、会津若松《あいづわかまつ》から関東方面《かんとうほうめん》へ向《む》かうには、湊《みなと》の高坂《たかさか》を通《とお》り、黒森峠《くろもりとうげ》を越《こ》える旧街道《きゅうかいどう》を使《つか》うことが多《おお》かったようです。高坂《たかさか》には今《いま》でも一里塚《※いちりづか》が残《のこ》されています。

宿場《しゅくば》は高坂《たかさか》と田代《たしろ》にあり、高坂《たかさか》ではソバを、田代《たしろ》ではとろろ汁《じる》を名物料理《めいぶつりょうり》として出《だ》していました。高坂《たかさか》のソバは特《とく》に風味《ふうみ》がよく、田代《たしろ》のとろろ汁《じる》は山《やま》から掘《ほ》ったジネンジョをすり鉢《ばち》ですり、ヤマメやイワナ、カジカでダシをとった味噌汁《みそしる》でよくのばしたものです。旅人《たびびと》たちにとっては、高坂《たかさか》でソバを食《た》べようか、それとも田代《たしろ》でとろろ汁《じる》かと迷《まよ》うのも楽《たの》しみでした。

ある日《ひ》、旅人《たびびと》が高坂《たかさか》の宿《やど》を目指《めざ》して、山道《やまみち》を歩《ある》いていました。とても疲《つか》れていましたが、今夜《こんや》はうまいソバを腹《はら》いっぱい食《た》えると思《おも》うと、また元気《げんき》が出《で》てくるようです。旅人《たびびと》はとてもとても食《た》いしん坊《ぼう》だったのです。

草《くさ》むらをふと見《み》ると、大《おお》きな蛙《かえる》をのみ込《こ》んだばかりの蛇《へび》がいました。しかし、どうも様子《ようす》が変《へん》です。蛙《かえる》が大《おお》きすぎてつかえているのか、蛇《へび》

は苦《くる》しそうに体《からだ》をくねらせている
のです。
しばらくすると、蛇《へび》は道端《みちばた》に生《は》えて
いた草《くさ》をぺろぺろと食《た》べ始《はじ》めました。
するとどうでしょう。つかえていた
蛙《かえる》がたちまちとけて、蛇《へび》はするする
と草《くさ》むらの中《なか》に消《き》えていきました。
それを見《み》ていた旅人《たびびと》は、
「これはこれは、ほほー」
と、すっかり感心《かんしん》してしまいました。

蛇《へび》が食《た》べていた草《くさ》は、消化《しょうか》を助《たす》ける草《くさ》のようです。これさえあれば、好《す》きなものをいくらだって食《た》べられそうです。旅人《たびびと》は早速《さっそく》、蛇《へび》が食《た》べていた草《くさ》をたくさん摘《つ》みました。

さて、高坂《たかさか》の宿《やど》についた旅人《たびびと》は、宿屋《やどや》の主人《しゅじん》がびっくりするほどソバを何杯《なんばい》もお代《か》わりしました。

「主人《しゅじん》、もう一杯《いっぱい》ソバをくれ」

「いや、お客様《きゃくさま》、これで最後《さいご》です。もうソバはありません」

「それなら、新《あたら》しくソバを打《う》てばよかろう」

どこまでも食《く》い意地《いじ》のはった旅人《たびびと》です。旅人《たびびと》は腹《はら》いっぱいにソバを食《た》べるとさすがに苦《くる》しくて苦《くる》しくてたまらないので、摘《つ》んできた草《くさ》を飲《の》みこみ、寝床《ねどこ》につきました。

「いやー、よく食《た》った。うまいソバだった。ぐ――ぐ――」

旅人《たびびと》は高《たか》いびきで寝入《ねい》ってしまいました。


あくる日《ひ》、朝《あさ》になっても、旅人《たびびと》は起《お》きてきません。

日《ひ》が高《たか》くなり、そろそろ昼《ひる》だという頃《ころ》になっても、旅人《たびびと》はまだ起《お》きてきません。

どうしたことかと、宿《やど》のおかみが障子《しょうじ》を開《あ》けてみると、

「ぎゃ――――」

なんということでしょう。布団《ふとん》の上《うえ》に、大《おお》きなソバのかたまりが横《よこ》たわっているではありませんか。

旅人《たびびと》が食《た》べたのは植物《しょくぶつ》ではなく、動物《どうぶつ》を溶《と》かして消化《しょうか》を助《たす》ける草《くさ》だったようです。何事《なにごと》にもほどがある、薬草《やくそう》は毒《どく》にもなるというお話《はなし》です。

※ 一里塚《いちりづか》＝主《おも》な街道《かいどう》のわきに一里《いちり》（約四《やくよん》キロ）ごとに旅《たび》の目安《めやす》としてつくられた塚《つか》

畳一畳《たたみいちじょう》のネズミの皮《かわ》

（猪苗代町《いなわしろまち》）


田村《たむら》にある寺《てら》に、仕事《しごと》でやってきた職人《しょくにん》は、畳一枚分《たたみいちまいぶん》もあろうかと思《おも》われる大《おお》きな獣《けもの》の皮《かわ》が、床《ゆか》に敷《し》かれているのを見《み》ました。職人《しょくにん》が、

「それは何《なん》の皮《かわ》だべ？」

とたずねると、※1住職《じゅうしょく》は言《い》いました。

「これはなあ。この寺《てら》に伝《つた》わる畳一畳《たたみいちじょう》のネズミの皮《かわ》だ」

「ネズミの皮《かわ》？」

「ああ、むかしぼろぼろだったこの寺《てら》に、立派《りっぱ》な和尚様《おしょうさま》がやってきてなあ」

住職《じゅうしょく》は、こんな話《はなし》をしました。


ある日《ひ》、この寺《てら》にやってきた和尚《おしょう》は、一匹《いっぴき》のネコを連《つ》れていました。会津《あいづ》の寺《てら》にいた時《とき》に迷《まよ》い込《こ》んできてから、各地《かくち》を回《まわ》っているあいだも、ずっとかわいがっていたネコでした。和尚《おしょう》は、村人《むらびと》にたずねました。

「この寺《てら》は、どうしてこんなに荒《あ》れ果《は》てているのか？」

村人《むらびと》は言《い》いました。

「これまで何人《なんにん》もの和尚様《おしょうさま》がやってきて、寺《てら》に住《す》み始《はじ》めるんだが、

二《に》、三日《さんにち》で引《ひ》っ越《こ》していくか、急《きゅう》に姿《すがた》が見《み》えなくなっちまうだよ。そういう寺《てら》だが、和尚様《おしょうさま》、よかったら住《す》んではもらえねえべか」

和尚《おしょう》は、ネコと一緒《いっしょ》に寺《てら》で暮《く》らし始《はじ》めました。寺《てら》の内《うち》や外《そと》の掃除《そうじ》や修理《しゅうり》に二《に》、三日《さんにち》過《す》ごしているあいだも、ネコは和尚《おしょう》のそばをけっして離《はな》れませんでした。便所《べんじょ》に行《い》くときでさえついてくるので、「あっちに行《い》きなさい」と追《お》い払《はら》うと、ネコは言《い》いました。

「和尚様《おしょうさま》、この寺《てら》には、とんでもなくでかいネズミがいます。わたしがそばを離《はな》れたら、和尚様《おしょうさま》を食《く》い殺《ころ》そうとねらっています。ほら、これを見《み》てください」

本堂《ほんどう》※2本尊様《ほんぞんさま》の下《した》を見《み》ると、人《ひと》の骨《ほね》がうず高《たか》く積《つ》まれていたので、

和尚《おしょう》はびっくりして、

「お前《まえ》は、そのネズミとやらを退治《たいじ》できるのか？」

とたずねました。

「大《おお》きいといってもネズミだから、退治《たいじ》はできます。だけど、大きなネズミには大勢《おおぜい》の一族《いちぞく》がいて、わたしひとりではとても無理《むり》です。これから猫魔ヶ嶽《ねこまがたけ》にいる姉《ねえ》さんネコと、伊達《だて》の霊山《りょうぜん》に住《す》む妹《いもうと》ネコに応援《おうえん》を頼《たの》んでこようと思《おも》います。それまでの七日間《なのかかん》は、けっして寺《てら》に近《ちか》づかないでください」

ネコはそう言《い》い残《のこ》して、出《で》かけていきました。

約束《やくそく》の七日目《なのかめ》に、和尚《おしょう》が寺《てら》の前《まえ》の茶屋《ちゃや》で待《ま》っていると、姉《あね》と妹《いもうと》を連《つ》れたネコが帰《かえ》ってきました。

和尚《おしょう》はネコとの打合《うちあ》わせ通《どお》り、本《ほん》堂《どう》で夜《よる》のお経《きょう》をあげ始《はじ》めました。すると突然《とつぜん》、天井《てんじょう》がガタガタと音《おと》を立《た》て、大《おお》ネズミを先頭《せんとう》に、たくさんのネズミが姿《すがた》をあらわしました。大《おお》ネズミが和尚《おしょう》をめがけて飛《と》びかかってきたので、

妹《いもうと》ネコが向《む》かっていきました。姉《ねえ》さんネコはネズミたちの中《なか》に飛《と》び込《こ》んでいって、次々《つぎつぎ》とネズミを殺《ころ》しました。最後《さいご》に、和尚《おしょう》のネコが大《おお》ネズミをやっつけたので、ついに大《おお》ネズミとその一族《いちぞく》を残《のこ》らず退治《たいじ》することができました。

「その時《とき》のネズミたちが、この畳一畳《たたみいちじょう》の大《おお》きな敷《し》き皮《かわ》なのですよ」

話《はなし》を聞《き》いた職人《しょくにん》は、目《め》を丸《まる》くして、大《おお》きな皮《かわ》をしげしげとながめたということです。

※1 住職《じゅうしょく》＝寺《てら》に住《す》んでいる僧《そう》、和尚《おしょう》

※2 本尊《ほんぞん》＝寺《てら》の中央《ちゅうおう》にまつられている仏像《ぶつぞう》

老《ろう》カワウソ

（喜《き》多《た》方《かた》市《し》）

喜《き》多《た》方《かた》に武《ぶ》右《え》衛《も》門《ん》という男《おとこ》がいました。川《かわ》の下流《かりゅう》に簗《やな》をかけ、マスをつかまえて暮《く》らしていました。簗《やな》というのは、川《かわ》に杭《くい》を打《う》ち込《こ》み、その上《うえ》に竹《たけ》や木《き》を並《なら》べて打《う》ちつけ、上流《じょうりゅう》から泳《およ》いでくる魚《さかな》をつかまえて漁《りょう》をするしかけのことです。

ある年《とし》の冬《ふゆ》の初《はじ》め、簗《やな》がたびたびこわれるようになり、マスだけでなく小《ちい》さな魚《さかな》も捕《と》れなくなったので、武右衛門《ぶえもん》は不思議《ふしぎ》に思《おも》い、夜更《よふ》けに簗場《やなば》に行《い》ってみました。すると、簗《やな》には、マスではなく、人間《にんげん》がかかっているのでした。

武右衛門《ぶえもん》はびっくりして、

「にしゃは、だんじゃ?」

と声《こえ》をかけました。すると、

「その声《こえ》は、武右衛門《ぶえもん》かあ?」

と返事《へんじ》が聞《き》こえました。近《ちか》づいてよく見《み》ると、そこにいたのは、年老《としお》いたばあさんでした。

「そこで、何《なに》してんだ？」
武右衛門《ぶえもん》がたずねると、
「おらはなあ、庄七《しょうしち》のかあちゃんだ。
つまんねえことで庄七《しょうしち》の嫁《よめ》とけんかを
して、家《いえ》を飛《と》び出《だ》したんだけんじょ、
行《い》くとこがねくって、川《かわ》に身《み》を
投《な》げたんだよう。そしたら、
おめえの簗《やな》にひっかかっちまった。
死《し》ぬのも簡単《かんたん》でねえなあ」
と、ばあさんは涙声《なみだごえ》で話《はな》すのでした。

庄七《しょうしち》は近所《きんじょ》の村《むら》に住《す》む者《もの》の名前《なまえ》でしたから、武右衛門《ぶえもん》はばあさんの話《はなし》を聞《き》いて、

「庄七《しょうしち》はまじめに働《はたら》く評判《ひょうばん》の良《い》い男《おとこ》だから、嫁《よめ》さんだってやさしい人《ひと》に違《ちが》いねえ。なじょして、そんなけんかになったかわかんねけんじょ、おらが行《い》って、仲直《なかなお》りをさせてやっからな」

と言《い》い、ばあさんを簗《やな》からおろし、小屋《こや》に入《い》れてやりました。

それから、簗場《やなば》にもどり、川原《かわら》で火《ひ》を焚《た》いていると、大《おお》きなマスが四匹《よんひき》も続《つづ》けてかかったので、一匹《いっぴき》ずつつかまえて、小屋《こや》に運《はこ》び入《い》れました。

簗場《やなば》にもどろうとした時《とき》です。ふと寒気《さむけ》がして、武右衛門《ぶえもん》はくるりと後《うし》ろを振《ふ》り返《かえ》りました。すると、さっきのばあさんがいました。目《め》を見開《みひら》き、大《おお》きな口《くち》を開《あ》け、マスの頭《あたま》の先《さき》から尾《お》っぽまで、むしゃむしゃとかじりついているではありませんか。

―さては、このばあさん、人間《にんげん》の姿《すがた》をした化《ば》け物《もの》に違《ちが》いない―

そう思《おも》った武右衛門《ぶえもん》、※ナタを抜《ぬ》いて、ばあさんの頭《あたま》を切《き》りつけようと飛《と》びかかりました。ところが、ナタははずれて、ばあさんの肩先《かたさき》にずぶっと突《つ》き刺《さ》さり、「ぎゃーっ」という悲鳴《ひめい》をあげて、夜《よる》の闇《やみ》の中《なか》に逃《に》げこんでいきました。

武右衛門《ぶえもん》は近《ちか》くの村《むら》へ行《い》き、おおぜいの人《ひと》に頼《たの》んで、そのあたり一《いっ》帯《たい》をさがしてもらいました。すると、川《かわ》の下流《かりゅう》の岩《いわ》かげに大《おお》きな穴《あな》があり、そこから大量《たいりょう》の血《ち》が流《なが》れているのが見《み》つかりました。その岩穴《いわあな》をくずしてみたら、なんと、大《おお》きな老《ろう》カワウソが、肩先《かたさき》から下《した》を切《き》られて死《し》んでいたというお話《はなし》です。

※ ナタ＝枝打《えだう》ちやまき割《わ》りなどに使《つか》う刃物《はもの》

おもしろ話《ばなし》

カミナリの婿《むこ》になった孫左衛門《まござえもん》

（柳津町《やないづまち》）

むかし、柳津《やないづ》の遅越渡《こえど》の村《むら》に、孫左衛門《まござえもん》という若者《わかもの》がおりました。おっとりというか、ほんわかというか、村人《むらびと》からは「あいつは、ちいっと頭《あたま》が足《た》りねえんでねえか」などと陰口《かげぐち》を言《い》われていました。

ある日《ひ》のことです。

「おっ母《かぁ》、おら、伊勢参《いせまい》りに行《い》ってくる」

突然《とつぜん》そう言《い》うと、孫左衛門《まござえもん》はさっさと出《で》かけていってしまいました。あっち眺《なが》め、こっち眺《なが》めして歩《ある》いて、さて峠《とうげ》を越《こ》えようとしたら、そこには「関所《せきしょ》※1」というものがありました。関所《せきしょ》を通《とお》るには通行手形《つうこうてがた》※2をお役人《やくにん》に見《み》せなければならないのですが、孫左衛門《まござえもん》はそんなものは持《も》っていませんし、「おらは、お伊勢様《いせさま》にお参《まい》りに行《い》ぐだ」と言《い》うばかりです。なんとも話《はなし》が通《つう》じません。

イライラしたお役人《やくにん》は怒《おこ》り出《だ》し、「ここは通《とお》せん」と追《お》い返《かえ》されてしまいました。

仕方《しかた》がないので、孫左衛門《まござえもん》は道《みち》もない山《やま》の中《なか》を通《とお》って行《い》くことにしました。しかし、全《まった》く知《し》らない山道《やまみち》ですから、どこをどう歩《ある》いているのかもわかりません。

日《ひ》が暮《く》れて、どんどん暗《くら》くなって、孫左衛門《まござえもん》はすっかりと迷《まよ》ってしまいました。

おや、遠《とお》くにポツリと明《あ》かりが見《み》えます。

「あぁ、よかった」

孫左衛門《まござえもん》がその明《あ》かりの家《いえ》を訪《たず》ねていきますと、なんとびっくり、そこはカミナリの家《いえ》でした。

「おらぁ、伊勢参《いせまい》りに行《い》ぐべと思《おも》ったんだが、関所《せきしょ》を通《とお》してもらえねぐって…。山道《やまみち》を来《き》たら迷《まよ》っちまってぇ」

そう、わけを話《はな》すと、

「食《く》いもんはヘソのゴマしかねえが、そんでよがったら泊《と》まっていいぞ」

と、カミナリの親父《おやじ》さんが言《い》いました。

一晩《ひとばん》泊《と》まって、朝《あさ》になったら、カミナリの親父《おやじ》さんがこう言《い》いました。

「おめえ、ここに泊《と》まったからには、もう人間《にんげん》の世界《せかい》には戻《もど》れねえぞ。わしの娘《むすめ》の婿《むこ》さんになって、この家《いえ》に住《す》め」

「まぁ仕方《しかた》ない」と、もともとのんきな孫左衛門《まござえもん》ですから、カミナリ娘《むすめ》の婿《むこ》さんになりました。

いざ婿《むこ》さんになってみると、この仕事《しごと》もなかなかに忙《いそが》しい。

孫左衛門《まござえもん》はカミナリ親父《おやじ》や嫁《よめ》カミナリさんに教《おそ》わって、「ゴロゴロ、

ドンドン」と太鼓《たいこ》を打《う》ったり、
※3火打《ひう》ち石《いし》をカチカチ打《う》って「ピカリ、ピカリ」とイナズマ出《だ》したりするなど、毎日稽古《まいにちけいこ》に励《はげ》んでいました。

それからしばらくして、モクモクと黒雲《くろくも》が激《はげ》しく出《で》てきた日《ひ》のことです。

「ようし、おめえもだいぶ稽古《けいこ》したし、今日《きょう》はみんなで大暴《おおあば》れするか」

と、親父《おやじ》カミナリが言《い》いました。

そうして雲《くも》に乗《の》って出《で》かけていくと、下《した》に孫左衛門《まござえもん》が追《お》い返《かえ》された関所《せきしょ》が見《み》えました。

「おらが家《いえ》に帰《かえ》れねぇぐなったのは、あそこの役人《やくにん》のせいだ。よし、ここでひと暴《あば》れしてやんべ」

そう考《かんが》えた孫左衛門《まござえもん》は、火打《ひう》ち石《いし》をカチカチ打《う》って、思《おも》いっきり太鼓《たいこ》を叩《たた》きました。

ピカピカドンドン　ゴロピカドン

ピカドン　ピカドン　ピカドドドーン

関所《せきしょ》の役人《やくにん》たちが下《した》で大慌《おおあわ》てする姿《すがた》を見《み》て、「こりゃぁ、面白《おもしろ》い」と孫左衛門《まござえもん》はますます激《はげ》しく暴《あば》れました。

ピカピカドンドン　ゴロピカドン
ピカドン　ピカドン　ピカドドドーン

「アッ、アーーーーッ」

調子《ちょうし》に乗《の》りすぎた孫左衛門《まござえもん》は、雲《くも》から足《あし》を踏《ふ》み外《はず》して真《ま》っ逆《さか》さまに落《お》ちていきます。それを見《み》たカミナリ一家《いっか》は大騒《おおさわ》ぎ。

「ハリャー、婿《むこ》さまが落《お》ちっちまったー」

「やれ帯《おび》よこせ！」

「やれ紐《ひも》よこせ！」

カミナリ親父《おやじ》は、帯《おび》や紐《ひも》や長《なが》いものを集《あつ》めて繋《つな》ぐと、孫左衛門《まござえもん》めがけて投《な》げおろしました。

「どうだぁ、届《とど》いたかぁー」

「届《とど》がねぇー」

「そんじゃもっと繋《つな》げ、もっと繋《つな》げ」

と、ついに親父《おやじ》カミナリのふんどしまで繋《つな》ぎました。

「今度《こんど》は届《とど》いたかー」

「いんや、まぁだ届《とど》かねぇ」

実《じつ》は、カミナリ親父《おやじ》はなんとも短気者《たんきもの》でした。

「ええい、めんどうくせえ。落《お》としっぱなしにしておけ！」

そう言《い》うと、カミナリ一家《いっか》は雲《くも》に乗《の》って帰《かえ》っていってしまいました。

「おがあ、ただいま」

雷一家《かみなりいっか》に置《お》いてけぼりにされた孫左衛門《まござえもん》は、あっち眺《なが》め、こっち眺《なが》めしながら、柳津《やないづ》の遅越渡《こえど》の村《むら》に帰《かえ》ってきましたとさ。

※1　関所《せきしょ》＝むかし、重要《じゅうよう》な道路《どうろ》や国《くに》の境《さかい》などに設《もう》けて、旅人《たびびと》の出入《でい》りや荷物《にもつ》をしらべた役所《やくしょ》

※2　通行手形《つうこうてがた》＝むかし、旅《たび》などをする時《とき》に、その人《ひと》であることを証明《しょうめい》するための役《やく》所《しょ》の証明書《しょうめいしょ》

※3　火打《ひう》ち石《いし》＝石《いし》と石《いし》を打《う》ち合《あ》わせて火《ひ》を起《お》こすもの

仁王寺《にんのうじ》別当《べっとう》ふうきみそ

（会津美里町《あいづみさとまち》）

会津美里町《あいづみさとまち》尾岐《おまた》の「仁王寺《にんのうじ》」に、むかし愉快《ゆかい》で親《した》しみ深《ぶか》い別当《べっとう》さんがおりました。別当《べっとう》さんとはお坊《ぼう》さんのことで、お彼岸《ひがん》ともなると檀《だん》家回《かまわ》りに大忙《おおいそが》しでした。

春《はる》の彼岸《ひがん》のある日《ひ》、別当《べっとう》さんは山奥《やまおく》の村《むら》に出《で》かけていきました。

てってこ　てってこ　山道《やまみち》を歩《ある》いていくと、まだらに雪《ゆき》が残《のこ》りウグイスも鳴《な》いて、村《むら》では別当《べっとう》さんを待《ま》っていました。

最初《さいしょ》の家《いえ》で「ナンマイダー」とお経《きょう》を唱《とな》え始《はじ》めると、ウグイスが「ホーホケキョ」と鳴《な》きます。

ナンマイダー　ホーホケキョ
ナンマイダー　ホーホケキョ

ウグイスと一緒《いっしょ》のお経《きょう》をあげ終《お》わると、別当《べっとう》さんはお膳《ぜん》が用意《ようい》してある座敷《ざしき》に呼《よ》ばれました。

「ささ、座《すわ》ってくなんしょ」

お経《きょう》が終《お》わると、お膳《ぜん》を用意《ようい》しておもてなしをするというのが、この辺《あた》りの習《なら》わしなのです。さてと、別当《べっとう》さんが座《すわ》ると、お膳《ぜん》の真《ま》ん中《なか》に、春《はる》の香《かお》りの蕗味噌《ふきみそ》がちょこんと載《の》っていました。

「さっ、めしあがってくなんしょ」

父《とと》さと母《かか》さが、ニッコニコして言《い》います。なんせ、春一番《はるいちばん》の蕗味噌《ふきみそ》は自慢《じまん》の一品《いっぴん》なのです。

別当《べっとう》さんは、目玉《めだま》を大《おお》きくしています。そして、箸《はし》をとると他《ほか》のご馳走《ちそう》には目《め》もくれず、ぺろりと蕗味噌《ふきみそ》を飲《の》み込《こ》みました。その

食《く》いっぷりに、父《とと》さと母《かか》さは大悦《おおよろこ》び。でも本当《ほんとう》は、別当《べっとう》さんは蕗《ふき》の匂《にお》いも味《あじ》も大嫌《だいきら》い。「見《み》るのも嫌《いや》じゃ」と、一気《いっき》に飲《の》み込《こ》んでしまったのでした。

ところが、喜《よろこ》んだ母《かか》さは、

「別当《べっとう》さんは蕗味《ふきみ》噌《そ》が大好《だいす》きじゃ。

いっとう先《さき》に食《た》べなさった！」

そう触《ふ》れて回《まわ》ったもんだから、次《つぎ》の家《いえ》も、その次《つぎ》の家《いえ》も、蕗味噌《ふきみそ》・蕗味噌《ふきみそ》・蕗味噌《ふきみそ》ばかり。別当《べっとう》さんは涙目《なみだめ》白眼《しろめ》で、ぺろり、ぺろりと飲《の》み込《こ》みました。そして、寺《てら》にダダダダーと走《はし》って帰《かえ》ると、ウンウンうなって十日《とおか》も寝込《ねこ》んでしまいましたとさ。


それからまた、雨《あめ》の降《ふ》る夜《よる》のことでした。

夜中《よなか》にションベンが出《で》たくなった別当《べっとう》さんは、眠《ねむ》い目《め》をこすりながら起《お》きて、※厠《かわや》へ行《い》きました。

ジャージャージャージャージャー

「はて、今日《きょう》はなんたら長《なが》いションベンだべ」
ジャージャージャージャー
ジャージャージャージャー
待《ま》てども待《ま》てども、音《おと》は止《や》みません。
「はぁ～、今日《きょう》はなんたら長《なが》いションベンだべ」
別当《べっとう》さんは、眠《ねむ》い目《め》をこすりながら一晩中厠《ひとばんじゅうかわや》に立《た》っていました。
ふふ、なんとも。その夜《よる》は一晩中雨《ひとばんじゅうあめ》が止《や》まずに降《ふ》っていたそうな。

また、ある秋《あき》の夜《よる》のことでした。
ほろ酔《よ》い気分《きぶん》の別当《べっとう》さんの頭《あたま》を、誰《だれ》かが　ピシリ！

頭《あたま》をさわってみると、なんとその手《て》は真《ま》っ赤《か》っか！

「あっ、切《き》られた」と、別当《べっとう》さんはぶっ倒《たお》れてしまいました。

やがて朝《あさ》が来《き》て、お日様《ひさま》が目玉《めだま》をこじ開《あ》けると別当《べっとう》さんはキョロリキョロリ。

「あれっ、死《し》んだはずだが生《い》きている」

なんと、そこは柿《かき》の木《き》の下《した》。指《ゆび》をぺろりと舐《な》めると、なんともあま〜い柿《かき》の味《あじ》。別当《べっとう》さんはむくりと立《た》ち上《あ》がると、てくてくと寺《てら》に帰《かえ》っていきました。

そんな話《はなし》やこんな話《はなし》を別当《べっとう》さんが語《かた》るもんだから、誰《だれ》もが腹《はら》の底《そこ》から愉快《ゆかい》になって、子《こ》どもたちはこんなことを囃《はや》し立《た》てて歩《ある》きました。

「にんのうじべっとう　ふうきみそ」

「和尚《おしょう》のションベン　朝《あさ》まで長《なが》い」

「柿《かき》に頭切《あたまき》られて　真《ま》っ赤《か》っかー」

※　厠《かわや》＝トイレのこと

狐《きつね》のお産《さん》を助《たす》けたふんどし[※1]医者《いしゃ》

（南会津町《みなみあいづまち》）

明治《めいじ》の中《なか》ごろのお話《はなし》です。南会津《みなみあいづ》で凶作《きょうさく》が続《つづ》きました。米《こめ》も野菜《やさい》も不作《ふさく》で、多《おお》くの人《ひと》たちが食《た》べるものも食《た》べられずにお腹《なか》をすかせておりました。そんなときだからでしょうか。どこかやけくそになった人《ひと》たちの間《あいだ》で、バクチ[※2]がはやりました。

南会津《みなみあいづ》の、ある村《むら》に住《す》むお医者《いしゃ》もバクチが大好《だいす》き。バクチ仲間《なかま》を車夫《しゃふ》にして、暇《ひま》さえあれば連《つ》れ立《だ》ってバクチ場《ば》へ通《かよ》っていました。そしてそのたびに負《ま》けて、財布《さいふ》は空《から》っぽ。着《き》ている服《ふく》まで取《と》られてしまう始末《しまつ》です。

それでもこりずに、ふんどし一本《いっぽん》になっても、

「あー、また今夜《こんや》も狐《きつね》にばかさっちゃ」

などと言《い》ってすましているものですから、村《むら》の人《ひと》たちは、ふんどし医者《いしゃ》と呼《よ》んで笑《わら》っていました。

ある春《はる》の夜《よる》のことでした。ふんどし医者《いしゃ》は珍《めずら》しいことに調子《ちょうし》がよく、バクチに勝《か》ってお金《かね》をもうけ、ほくほくと大喜《おおよろこ》び。ところが帰《かえ》るころになり、見知《みし》らぬ男《おとこ》がやってきて言《い》いました。

「もう一番《いちばん》、勝負《しょうぶ》

勝負《しょうぶ》！」

受《う》けて立《た》ったふんどし

医者《いしゃ》でしたが、結果《けっか》は大《おお》

負《ま》けで、せっかくのお金《かね》は、

男《おとこ》にそっくり持《も》っていかれて

しまいました。

その夜《よる》のことです。

トントントントントン！

ドンドンドンドン！

誰《だれ》かが戸《と》をたたく音《おと》に、ふんどし医者《いしゃ》は目《め》を覚《さ》ましました。

「お願《ねが》いもうす、お願《ねが》いもうす。主人《しゅじん》の奥方《おくがた》が難産《なんざん》で苦《くる》しんでおります。ぜひお助《たす》けを」

叫《さけ》ぶ男《おとこ》の声《こえ》がします。こんな夜中《よなか》にと思《おも》いましたが、必死《ひっし》に訴《うった》えるその様子《ようす》に断《ことわ》り切《き》れず、しぶしぶ人力車《じんりきしゃ》に乗《の》りこみました。

車《くるま》の前《まえ》を素早《すばや》く走《はし》り、道案内《みちあんない》をする男《おとこ》を車夫《しゃふ》が追《お》います。途中《とちゅう》何度《ど》かぬかるみにはまったり、藪《やぶ》に突《つ》っ込《こ》んだりして※3難儀《なんぎ》をしましたが、またするすると走《はし》れるよい道《みち》に出《で》るのです。


そんなことを繰《く》り返《かえ》しながら、どれほど走《はし》ったのでしょう。やがて立派《りっぱ》なお屋敷《やしき》につきました。

奥座敷《おくざしき》では、産婦《さんぷ》があぶら汗《あせ》を流《なが》してウンウン苦《くる》しんでおりました。

ふんどし医者《いしゃ》は脈《みゃく》をとりながら、ふと天井《てんじょう》を見上《みあ》げると、天井裏《てんじょううら》がときどき透《す》けて、そのたびにちらちらと満天《まんてん》の星《ほし》が見《み》えるのです。

「なぁるほど、そういうことか」

ふんどし医者《いしゃ》は、炉端《ろばた》で休《やす》んでいる車夫《しゃふ》にそっと言《い》いました。

「けっして煙草《たばこ》を飲《の》むなよ」

そして何食《なにく》わぬ顔《かお》で産婦《さんぷ》のところへ戻《もど》り、落《お》ち着《つ》いて難産《なんざん》の逆《さか》さ子《こ》を取《と》り上《あ》げました。

無事《ぶじ》に元気《げんき》な赤《あか》ん坊《ぼう》が生《う》まれると、家人《かじん》はみな大喜《おおよろこ》び。ふんどし医《い》者《しゃ》はたくさんの謝礼金《しゃれいきん》をもらいました。

さて翌日《よくじつ》、車夫《しゃふ》に昨夜《ゆうべ》走《はし》った道《みち》をたどらせてみると、車《くるま》のわだち※4は道《みち》からそれ、麦畑《むぎばたけ》のあぜみちを通《とお》り、草刈《くさか》り場《ば》を通《とお》り、森《もり》のほこらの前《まえ》まで続《つづ》いていました。ふんどし医者《いしゃ》の思《おも》ったとおり、そこには狐《きつね》の巣穴《すあな》がありました。

もらった謝礼《しゃれい》も、どうせ葉《は》っぱか何《なに》かだろうと、少《すこ》しがっかりしておりますと、驚《おどろ》いたことに、それは紛《まぎ》れもない本物《ほんもの》。しかもどうやらバクチ場《ば》で新顔《しんがお》の男《おとこ》にとられたお金《かね》のようです。お金《かね》の何枚《なんまい》かに、見《み》覚《おぼ》えのある印《しるし》がありました。

「あー、また狐《きつね》にばかさっちゃなぁ」

ふんどし医者《いしゃ》は、さもおかしそうに笑《わら》いました。


ところで、もしも車夫《しゃふ》が煙草《たばこ》を吸《す》っていたら、どうなっていたのでしょう？　狐《きつね》は煙草《たばこ》を嫌《きら》うといいます。もしかすると、狐《きつね》の母子《ははこ》は助《たす》からなかったのかもしれません。

※1　ふんどし＝男《おとこ》の下帯《したおび》、下着《したぎ》
※2　バクチ＝賭《か》けごと。お金《かね》をかけて勝負《しょうぶ》すること
※3　難儀《なんぎ》＝大変《たいへん》な苦労《くろう》をすること
※4　わだち＝道《みち》を通《とお》った車輪《しゃりん》のあと

納豆沢《なっとうざわ》のバカ太郎《たろう》

（会津坂下町《あいづばんげまち》）

納豆沢《なっとうざわ》とは、会津坂下《あいづばんげ》の七折峠《ななおりとうげ》を半分《はんぶん》ほど下《くだ》った所《ところ》から入《はい》っていく南《みなみ》の沢《さわ》で、西側《にしがわ》は柳津分《やないづぶん》、東側《ひがしがわ》は坂下《ばんげ》の牛沢《うしざわ》、大村《おおむら》、勝方《かちがた》、そして柳《やない》津《づ》の大野新田《おおのしんでん》へと続《つづ》く蛇《へび》のように長《なが》く続《つづ》く沢《さわ》です。

そして、バカ太郎《たろう》とは、この沢《さわ》に住《す》むズルリのそりのんびりやの大《だい》蛇《じゃ》のことです。

このバカ太郎《たろう》は、肌《はだ》が黒《くろ》っぽいので目《め》立《だ》たないといえば目《め》立《だ》たないのですが、でかい図体《ずうたい》なものだから目立《めだ》つといえば目立《めだ》つ存在《そんざい》です。結構穏《けっこうおだ》やかな性格《せいかく》で、人《ひと》に危害《きがい》を加《くわ》えることはないのですが、なにせ大蛇《だいじゃ》なのですから、人々《ひとびと》が驚《おどろ》くのも無理《むり》はありません。人々《ひとびと》がバカ太郎《たろう》に驚《おどろ》かされた話《はなし》は、沢沿《さわぞ》いの村々《むらむら》にいくつも残《のこ》っています。

ある朝《あさ》、ある家《いえ》の母《かか》さが馬《うま》の餌《えさ》にする草《くさ》を刈《か》りに行《い》った時《とき》のことです。納豆沢《なっとうざわ》の草地《くさち》は広《ひろ》いので、沢山《たくさん》の草《くさ》が刈《か》れました。

「あぁ、いっぺえ刈《か》れた。さて、背負《しょ》って帰《かえ》んべ」

母《かか》さは、松《まつ》の木《き》の根《ね》っこあたりに荷縄《になわ》を置《お》くと、※まるった草《くさ》を二《ふた》つ

三《みっ》つと重《かさ》ねて体《からだ》にくくりつけました。

「さぁ、よいしょ」と起《お》き上《あ》がろうとすると、パラパラと松《まつ》の葉《は》っぱが顔《かお》の上《うえ》に落《お》ちてきました。

「はて、風《かぜ》もねえのに何《なん》だべ」

見上《みあ》げると、垂《た》れ下《さ》がった松《まつ》の枝《えだ》に、でっかい蛇《へび》が体《からだ》を巻《ま》き付《つ》けていました。

しかも、一升樽《いっしょうだる》ほどもある首《くび》をぶら〜りぶら下《さ》げて、チロチロと赤《あか》い舌《した》を出《だ》しているではありませんか。

バカ太郎《たろう》です。

「ギャ――ッ」

おったまげた母《かか》さは逃《に》げようとしましたが、体《からだ》にぎっちりと結《むす》んだ荷縄《になわ》が解《と》けません。母《かか》さは青《あお》くなったり赤《あか》くなったりして、ただ手足《てあし》をバタバタさせていましたとさ。

またある時《とき》、村《むら》の父《とと》さが山《やま》で採《と》った芝《しば》を、馬《うま》の背《せ》に積《つ》んで帰《かえ》る途中《とちゅう》のことです。上《うえ》から、パラパラパラパラと石《いし》ころが落《お》ちてきました。最初《さいしょ》はあまり気《き》にもとめなかったのですが、ずっと続《つづ》いて落《お》ちてきます。

「なにか変《へん》だぞ。どうしたことだべ」

父《とと》さが上《うえ》を見上《みあ》げると、あのバカ太郎《たろう》が崖《がけ》の上《うえ》をズルリズルリ這《は》っています。たまげた父《とと》さは、馬《うま》の手綱《たづな》を離《はな》して、家《いえ》にすっ飛《と》んで帰《かえ》りました。せっかく採《と》った芝《しば》と、置《お》き去《ざ》りにされた馬《うま》が心配《しんぱい》です。

しかし、大丈夫《だいじょうぶ》！

バカ太郎《たろう》の穏《おだ》やかな性格《せいかく》を知《し》っている利口《りこう》な馬《うま》は、慌《あわ》てず騒《さわ》がず、芝《しば》を背負《せお》ってトコトコトコトコと家《いえ》に帰《かえ》っていったということです。

さてまたある時《とき》、船窪《ふなくぼ》の村《むら》の父《とお》ちゃんと母《かあ》ちゃんと娘《むすめ》の三人《さんにん》で、ヒロを採《と》りに納豆沢《なっとうざわ》に出《で》かけて行《い》きました。ヒロは箕《みの》を編《あ》むのに使《つか》う草《くさ》です。たくさん必要《ひつよう》なので、親子三人汗《おやこさんにんあせ》だくになって摘《つ》みました。

「くたびっちゃな。ちいっと休《やす》むべ」

三人《さんにん》は、ちょうどよいあんばいに横《よこ》たわっていた松《まつ》の木《き》に、並《なら》んで腰《こし》を掛《か》けました。

三人《さんにん》がゆっくり休《やす》んでいると、「あれっ」腰《こし》掛《か》けている松《まつ》の木《き》がズズ、ズズズズと動《うご》き出《だ》したではありませんか。

「ひえっー」

なんと、腰《こし》掛《か》けていたのは松《まつ》の木《き》ではなくて、バカ太郎《たろう》の背中《せなか》だったのです。

バカ太郎《たろう》には、人《ひと》を驚《おどろ》かそうとか、イタズラしてやろうとか、そんな悪気《わるぎ》などまったくないのです。村《むら》の人達《ひとたち》もわかってはいるのですが、やっぱり大蛇《だいじゃ》ですから驚《おどろ》いてしまうのです。

このバカ太郎《たろう》ですが、みんなを驚《おどろ》かして申《もう》し訳《わけ》ないと思《おも》ったのか、他《ほか》の沢《さわ》へ引越《ひっこ》してしまったのか、いつしか姿《すがた》が見《み》えなくなってしまいました。

それはそれで寂《さみ》しいものですが、またどこかで、ズルリのそりのんびりと暮《く》らしているのかもしれません。

※まるった＝まるめてしばった

あとがき

「会津《あいづ》のむかしばなし」のシリーズは、一巻《いっかん》からこの五巻《ごかん》までになります。

これまでには、❶耶麻地方《やまちほう》、❷両沼地方《りょうぬまちほう》、❸南会津地方《みなみあいづちほう》、❹会津若松市《あいづわかまつし》と、各地域《かくちいき》ごとのお話《はなし》や伝説《でんせつ》などが載《の》っています。そして今回《こんかい》の❺は、会津地方全部《あいづちほうぜんぶ》の地域《ちいき》のお話《はなし》を載《の》せました。

会津各地《あいづかくち》、皆《みな》さんの住《す》む地域《ちいき》には、まだまだたくさんのむかしばなしや伝説《でんせつ》があって、このシリーズには各地域《かくちいき》のほんの一部《いちぶ》のお話《はなし》しか載《の》せられませんでした。

そこでお願《ねが》いです。ここからは皆《みな》さんで、それぞれが生《う》まれ住《す》む地域《ちいき》の宝物《たからもの》のむかしばなしを探《さが》してみて下《くだ》さい。

むかしばなしは、昔々《むかしむかし》の人《ひと》たちからバトンタッチを繰《く》り返《かえ》しながら、今《いま》に伝《つた》えられてきました。ずっとずっと繋《つな》がっていますから、古《ふる》い時代《じだい》の暮《く》らしや人々《ひとびと》の考《かんが》えや思《おも》いなどが見《み》えてきます。目《め》を凝《こ》らせば地域《ちいき》の歴史《れきし》が見《み》え、耳《みみ》をすませばその時代《じだい》の人々《ひとびと》の息《いき》づかいさえ聴《き》こえてくると思います。

本《ほん》を読《よ》むのもいいでしょう。お父《とう》さん、お母《かあ》さん、おじいさんやおばあさんから聞《き》くのもいいでしょう。

語《かた》り部《べ》の人《ひと》たちから聞《き》くのもいいでしょう。そうして宝物《たからもの》がたくさん集《あつ》まったら、いつか、次《つぎ》の時代《じだい》の人《ひと》たちにもそれを伝《つた》えていって下《くだ》さい。

むかしばなしは、過去《かこ》から今《いま》へ、今《いま》から未来《みらい》へと繋《つな》いでいくバトンなのですから。

今回私《こんかいわたし》たちが参考《さんこう》にしたものは、会津全部《あいづぜんぶ》の市町村史《しちょうそんし》を中心《ちゅうしん》に、『裏磐梯北塩原《うらばんだいきたしおばら》の民俗《みんぞく》』『いなわしろの民話《みんわ》』『会津《あいづ》の伝説《でんせつ》』『会津《あいづ》の歴史伝説《れきしでんせつ》』などです。

＊執筆《しっぴつ》（会津文芸《あいづぶんげい》クラブ会員《かいいん》）

前田智子《まえだともこ》 ― 「綱取城《つなとりじょう》と姫籠渕《ひめごぶち》」「江川長者《えがわちょうじゃ》と中田《なかだ》の観音《かんのん》」「坊主ヶ渕《ぼうずがぶち》」「如蔵尼《にょぞうに》」「畳《たたみ》一畳《いちじょう》のネズミの皮《かわ》」「老《ろう》カワウソ」

菊地悦子《きくちえつこ》 ― 「マヤの墓《はか》」「如法寺《にょほうじ》の角力取《すもうと》り仁王《におう》」「狗《ぐ》ひん様《さま》の伝説《でんせつ》」「猿《さる》とウサギと熊《くま》とカワウソの悪知恵《わるぢえ》」「高坂《たかさか》のソバと田代《たしろ》のとろろ」「狐《きつね》のお産《さん》を助《たす》けたふんどし医者《いしゃ》」

鶴賀《つるが》イチ ― 「以仁王伝説《もちひとおうでんせつ》と火玉峠《ひだまとうげ》の戦《たたか》い」「美女峠《びじょとうげ》と高姫伝説《たかひめでんせつ》」「鬼《おに》の涙《なみだ》」「カミナリの婿《むこ》になった孫左衛門《まござえもん》」「仁王寺別当《にんのうじべっとう》ふうきみそ」「納豆沢《なっとうざわ》のバカ太郎《たろう》」

＊イラストレーション

吉田利昭《よしだとしあき》 ― 表紙《ひょうし》・本文挿絵《ほんぶんさしえ》

会津のむかしばなし ❺ 会津地方

2023年 4 月22日　初版発行

著　者　前田智子・菊地悦子・鶴賀イチ

発行者　阿部隆一

発行所　歴史春秋出版株式会社

〒965-0842　福島県会津若松市門田町中野大道東8-1
電話　0242-26-6567

印　刷　北日本印刷株式会社

会津のむかしばなし　全5巻

1 耶《や》麻《ま》地《ち》方《ほう》

2 両《りょう》沼《ぬま》地《ち》方《ほう》

各地方のお話、こわい話、おもしろ話、なるほど話、そして伝説。この一冊に地域の宝が詰まっています。大きな文字とイラスト入りで子どもからお年寄りまで楽しめる一冊です。

3 南《みなみ》会《あい》津《づ》地《ち》方《ほう》

4 会《あい》津《づ》若《わか》松《まつ》市《し》

5 会《あい》津《づ》地《ち》方《ほう》

定価 **1,500**円（税込）

会津に伝わるむかし話
ー民話伝説集ー

逢沢　紀孝

会津各地に伝わる民話・伝説の中から、行基菩薩と東山温泉・猫魔ヶ嶽の化け猫・金の駒の化身など四〇話を収録。

1,320円

しのぶあだたらのむかしばなし

麦わらぼうしの会

福島県の信夫・安達太良地方の昔話を一冊にまとめた。

1,650円

奥会津　下郷のむかしばなし

佐藤　純江

大人たちから子供達へ、友人から友人へと伝承されてきた下郷の昔話をまとめた一冊。

1,100円